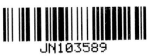

日本書紀を歩く④

渡来人

靍井忠義

青垣出版

はしがき

『日本書紀』には朝鮮半島の記事があふれている。日本との外交や交流のことばかりではない。諸情勢や事件、出来事、語り継がれたエピソードなども盛りだくさん。どこの国の歴史書と疑いたくなるくらいだ。

渡来人に関する記録もたくさんある。半島から日本に渡ってきた人たちの記録だ。

書紀によると、わが国最初の本格寺院、飛鳥寺（奈良県明日香村）の造営は、百済から渡ってきた寺工、鈩盤《ろばん》博士、瓦博士、画工らが主体となって推し進めた。本尊を制作し、その完成した本尊を戸を壊さずに堂内に入れたのは、渡来工人の鞍作鳥《くらつくりのとり》（止利仏師）だった。

天平文化の華、東大寺大仏の鋳造を指揮したのは国公麻呂《くにのきみまろ》という人。彼の祖父は、百済と日本の救援軍が唐・新羅軍に惨敗を喫した天智二年（六六三）に亡命渡来した国骨富《こくこっぷ》という百済の官人だった。また、七四九年、やはり百済から亡命渡来した百済王善光（禅広）のひ孫にあたる敬福《きょうふく》が統治する陸奥国・小田郡から産出した黄金九百両を大仏鋳造用に献上した。聖武天皇は大いに喜び、年号を「天平」から「天平感宝」、さらに「天平勝宝」と改元した。

渡来人らは、土器作り、機織《はたおり》、建築、土木、造船、馬具・武具づくりなどの技術を伝え、文筆や会計や通訳などにも力を発揮した。日本の古代の文化、文明をリードした。

政治や外交、軍事面での活躍も少なくない。桓武天皇の平安遷都は京都盆地に勢力を張っていた渡来系の秦氏との関係を抜きには語れない。

桓武天皇は、「朕《ちん》が外戚なり」と渡来人たちを厚遇した。また、活用した。阿知使主《あちのおみ》を祖とする渡来氏族の東漢《やまとのあや》氏の血を引く坂上《さかのうえ》田村麻呂を最初の征夷大将軍に任命したのも桓武天皇だった。

その桓武天皇の母、高野新笠《たかののにいがさ》は百済・武寧王の血を引く渡来系氏族、和《やまと》氏の出身だった。母方の祖は百済・武寧王だったのである。その武寧王は、雄略天皇の時代に渡来し、河内（大阪府）の近つ飛鳥にある飛鳥戸神社に祀られる昆支王の子ともいわれる。

渡来人たちはさまざまである。秦氏の祖は弓月君《ゆづきのきみ》とされる。アメノヒボコ（天日槍、天之日矛）は新羅の王の子。逃げた妻を追って日本に渡来したという伝えがある。王仁《わに》は百済から論語と千字文を将来したと伝える。船氏の祖である王《おう》辰爾《しんに》は高麗《こま》の秘密文書を解読した。高句麗からやって来た高麗王若光《じゃっこう》は、関東平野が見渡せる武蔵野の一角、埼玉県日高市にある高麗神社に祀られる。近くには多重石塔の高麗王廟もある。

『日本書紀』が伝えるさまざまな渡来人たちの群像をまとめた。

二〇二〇年四月

著者

目次

第2部　渡来の群像

装幀／根本　眞一（クリエイティブ・コンセプト）
カバー写真　〈表〉高麗神社（埼玉県日高市）の将軍標
〈裏〉百済王神社（大阪府枚方市）

第1部　昆支王

加唐島（各羅嶋）＝マツロ・百済武寧王国際ネットワーク協議会提供

軍君渡来

昆支王の渡来

『日本書紀』の雄略天皇五年のこととして次のような記事がある。

　夏四月、百済の加須利君《かすりきし》（蓋鹵王《こうろおう》）は、池津媛が日本で焼き殺されたことを聞き、協議して

「これまでは女人を貢いで采女としてきたが、礼を失して我が国の名を汚した。今後、女は貢がない」

と言った。そして、弟の軍君《こにきし》（昆支《こんき》）に

「おまえが日本へ行き、天皇にお仕えしろ」

と言った。

〈巻第十四・雄略天皇〉

「池津媛が焼き殺された」というのは雄略二年の出来事だった。天皇の求めに応じて百済の蓋鹵王から貢進されていた池津媛が天皇のお召しにそむいて石川楯に密通した。怒った天皇は二人の手足を木にしばり、桟敷の上に置き、火を付けて焼き殺してしまった、という事件だった。身分ある女性を貢進していた蓋鹵王には耐えられない屈辱だったのだろう。

「日本へ行け」と言われた軍君は、

「ご命令に違うことはございません。願わくば君《きみ》の婦《みめ》を賜った上でお遣わし下さい」

と答えた。加須利君は妊娠した婦を軍君に娶《めと》らせ、

「身ごもった私の婦は既に臨月になっている。もし途中で産めば、その子と婦を同じ船に乗せて、いそいで国に送るように」

と命じた。

　六月、身ごもった婦が加須利君の言ったように、筑紫の各羅嶋《かからしま》で出産した。そこで、この子を名付けて嶋君《せまきし》といった。軍君はただちに婦と嶋君《しまぎみ》を同じ船で国に送り返した。嶋君は後の武寧王である。百済の人々はこの島を主嶋《たりむさま》と呼ぶ。


〈巻第十四・雄略天皇〉


　筑紫の各羅島は佐賀県東松浦郡鎮西町の加唐島のこととされる。百済一番の英雄で、倭国とも関わりの深い武寧王の生誕にまつわる物語として注目される。

　雄略紀によると、軍君（昆支王）は一カ月後の七月に京に入った、という。また、「すでに五人の子どもがいた」と書く。五人の子どもを連れて渡来した、ということか、あるいは、日本で五人の子どもを設けたことをこの五年条にまとめて記載しているのか、その辺のところは何ともいえない。

　昆支王の生年も事蹟もよく分かっていない。しかし、四五八年に百済の蓋鹵王が、中国・南朝の宋へ、十一人の臣下に対する爵号の追認を要請した際の記録から、左賢王とい

う肩書をもっていたことが分かる。左賢王は、匈奴、突厥などの遊牧民国家では王の後継者であり、軍事を担当する人物の肩書とされる。昆支は、王位継承の資格をもち、百済の軍事権を握っていた人物だったことをうかがわせる。百済ナンバー2の立場にあったということは、軍寺を握っていたとみられる「軍君」の表記とも符合する。

熊津に退去

雄略朝の頃、百済は、高句麗の南下攻勢に苦しんだ。書紀は、雄略天皇二十年の冬に、「高麗の王が大いに軍兵を発して、百済を攻撃し滅ぼした」と書く。併せて、『百済記』によれば、蓋鹵王の己卯《きのとら》の冬、狛の大軍が来て、大城《こにきし》（漢城）を七日七晩攻撃した。百済の王城が陥落して、国王および太后、王子らが皆、敵の手にかかって死んだ――との記事も載せる。

百済が都城としていたとみられる風納土城。土塁が連なる（韓国・ソウル）

百済は、高句麗の攻撃を受け、漢城を追われることになった。漢城は百年以上にわたって百済の王城だった。ソウルの南郊、ハン川（漢江）の左岸にある風納土城（ソウル市松坡区）がそれにあたるとされる。百済は高句麗軍によって朝鮮半島の中原から追われたのである。

書紀によると、「雄略天皇はその二十一年の春三月、百済が高麗に破られたと聞き、久《こ》麻《む》那《な》利《り》を汶洲《もんす》王に賜り、その国を救い起こした」と書く。韓国はもちろん、日本でもこの記事をそのまま支持する研究者は極めて少ないが、五世紀後半ごろ、日本は滅亡した百済を再興し、都を久麻那利に定めて汶洲王を立てたというのである。

久《く》麻《ま》那《な》利《り》は、古称を熊津《くまなり》といった忠清南道の公州（コンジュ）市のこと、汶洲王は蓋鹵王の「母弟」であるとされる。「母弟」というのは蓋鹵王の母の弟なのか、蓋鹵王と母を同じくする弟のことなのかよく分からない。

『書紀』によると、二年後の雄略天皇二十三年に、「百済の文斤《もんこん》王が薨じた」という記事がみえる。文斤王とは汶洲王のことだとみられる。そこで天皇は、「昆支王の五人の子の中で第二子である末多《また》王を内裏に召し、親しく頭を撫で百済の王とした」と記す。末多王は倭国にいたのである。「これが東城《とうせい》王である」とする。筑紫国の軍士五百人に守らせて、送り届けた、という。

そのまま信じれば、雄略天皇は、二代にわたって百済王を擁立したことになる。

武寧王は昆支王の子？

『日本書紀』の継体天皇十七年夏五月の条に「百済の王、武寧王が薨じた」との記事がある。同じ内容の記事は『三国史記』にもある。

一九七一年七月、韓国の忠清南道公州市で、武寧王陵が発見された。王陵級の古墳が集中する宋山里古墳群の一角から暗渠工事中に偶然発見された。墓には誌石（墓誌）があり、「寧東大将軍　百済斯麻王　年六十二歳　癸卯年五月丙戌朔七日壬辰崩到」とあり、生没年がはっきりした。『日本書紀』などの文献記録と一致するところも多く、武寧王（斯麻王）の実在が実証されたのである。没年は五二三年（継体二十年）のことだったこともはっきりした。朝鮮半島の古代史ばかりでなく、日本古代史の多くの謎も解き明かす発掘成果だった。

「斯麻王」の表記から、武寧王は、雄略五年、昆支王が生まれたばかりの子を筑紫の各羅嶋《かからしま》から百済に送り返したという嶋君のことであるということも実証された。

なお、武寧王の生年の雄略天皇五年は四六一年とされるが、武寧王墓誌の没年の五二三年から六十二年前のことになる。「年六十二歳」とする墓誌銘とも見事なまでに一致するのである。

武寧王の即位は五〇二年とみられる。書紀の武烈天皇四年条に、この年のこととして「百済の末多王は無道で百姓に暴虐を働いていた。人々はついに王を排除して嶋王を立てた。これが武寧王である」とある。この記事からすると武寧王は二十一年間在位していたことになる。

書紀の記述からいえば、父は加須利君（蓋鹵王）、昆支王からみれば兄の子、甥にあたる。ただ、倭国に渡る昆支王に、蓋鹵王は臨月の婦《みめ》を伴わせたというハナシはあまりにも伝説的要素が多過ぎるということもあって、嶋王（武寧王）は本当は昆支王の子だったのではないか、という見方もある。

書記は、武烈天皇四年条で、武寧王について「諱は斯麻王という。琨支《こんき》王子の子である。末多王の異母兄である」と説明している。武寧王は昆支王の子と言い切るのである

ところが続けて、「琨支は倭に参った。筑紫嶋に至って斯麻王を生んだ。嶋より送還した。各羅の海中に主嶋がある。王が産まれた嶋である。百済人は主嶋という。いま考えると、嶋王は蓋鹵王の子である。末多王は琨支王の子である。これを異母兄というのは詳かでない」と書き、雄略紀との整合性をはかる。先に明記していた「武寧王は昆支王の子」ということは真っ向から否定する。

訳の分からない文脈、注釈なのだが、武寧王は本当は昆支王の子だったことを示唆する内容を含むとみていいのではなかろうか。

昆支王の帰国の記録はない。ただ『三国史記』百済記によると、文周王三年（四七七）四月のこととして、「昆支王、内臣佐平となり、四カ月後の七月に急死した」との記事がある。この記事をすなおに読めば、四七五年、高句麗の南進により漢城が陥落し、兄の蓋鹵王も死去した直後には既に帰国していた、と

〈『日本書紀』雄略天皇5年〉

婦人——嶋君（武寧王）

蓋鹵王

昆支王

〈『日本書紀』雄略天皇23年〉

昆支王—末多王（東城王）

〈『三国史記』〉

昆支王—牟大王（末多王＝東城王）—武寧王

〈『日本書紀』武烈天皇4年〉

『百済新撰』を引用する形で

昆支王—斯麻王（武寧王）

　　　└末多王（東城王）

いま考えると

蓋鹵王—斯麻王（武寧王）

琨支王—末多王（東城王）

昆支王と武寧王と末多王の関係

みるべきだろう。混乱の中、政敵に襲われたための急死だったかもしれない。

　昆支王が漢域陥落の際に倭国から百済に帰国したとすれば、倭国には十四、五年間、滞在していたことになる。

　これを疑う見方もある。昆支の子である末多王が帰国して百済の東城王になったのは四七九年だったからである。漢域陥落によって、汶洲王（文周王）は熊津で王位に就いたがこの汶洲王は、蓋鹵王や昆支王とは別系統の王統だったともいわれる。そんなこともあって、昆支王は漢城陥落後すぐさま帰国することはなかったのではないか、場合によっては、末多王帰国後も倭国にとどまり続けたのではなかろうか、という見方もある。

飛鳥戸神社

大阪府羽曳野市飛鳥一〇二三番地に飛鳥戸《あすかべ》

㊤飛鳥戸神社㊦近つ飛鳥の里、ブドウ畑の中にある
（大阪府羽曳野市飛鳥）

神社がある。ブドウ畑が連なる南向き斜面の小高い場所にある。近鉄南大阪線の上ノ太子駅に程近い。付近はかつての安宿《あすかべ》郡の加美《かみ》郷にあたり、「近つ飛鳥」の一角である。

　丘の上に、どちらかといえば粗末な社殿がポツリとあるだけ。羽曳野市が建てた案内板には「飛鳥戸神社は、飛鳥上の段の一角に鎮座する延喜式内社の名神大社であり、雄略朝に渡来伝承をもつ百済系飛鳥戸造一族の祖神である〈飛鳥大神（百済の琨伎王）〉を祀っている」とある。

　付近一帯は『新撰姓氏録』にみえる河内国諸蕃の百済系氏族である飛鳥戸氏の本貫地であり、飛鳥戸氏が守ってきた古社らしい。

斯麻《しま》王（武寧王）

筑紫・各羅嶋で生誕

斯麻《しま》王は百済の名君、武寧《ぶねい》王のことである。『日本書紀』によると、斯麻王は雄略五年六月、軍君《こにきし》（昆支《こんき》王）といっしょに倭国に渡ってきた百済の加須利君《かすりのきし》（蓋鹵《こうろ》王）の婦《みめ》が、筑紫（九州）の各羅《かから》嶋で産んだ男児であるという。島で生まれたので嶋君《せまきし》と呼ばれた。昆支王は、生まれたばかりの斯麻王を婦とともに本国に送り返した――と伝える。

各羅嶋は、現在の佐賀県佐賀県松浦郡鎮西町の加唐島のことだとされる。

書紀によると、蓋鹵王は、倭国へ渡る昆支王の求めに応じて、妊娠した婦《みめ》を同行させたのだった。そして、「私の身ごもった婦は臨月になっている。もし途中でお産をすれば、その子を国に送り返せ」と命じた。昆支王は、兄の蓋鹵王の命令通りにした。斯麻王は蓋鹵王の子だったということになる。

しかし、斯麻王の生誕説話は、あまりにも伝承的要素に満ちる。「神話的」といってもいいかもしれない。すんなり、昆支王の子であったと考える方が自然かもしれない。

文献の伝えも混乱している。

『三国史記』は、武寧王（斯麻王）は、牟大王（末多《また》王）の第二子、としている。

は前王の東城王のこと。東城《とうせい》王は昆支王の子だから、武寧王は昆支王の孫ということになる。

一方、『日本書紀』は、武烈四年条で「百済の末多王無道にして、百姓に暴虐たり。国人遂に除き、嶋王を立つ」とした後、「斯麻王は琨支王子の子なり。即ち末多王の異母兄なり」とする『百済新撰』の記事を紹介しながら、「今案ずると嶋王は是れ蓋鹵王の子なり。末多王は是れ琨支王の子なり」としていることを紹介、「此れを異母兄というは未だ詳らかならざるなり」と疑義を述べ、混乱をみせている。

武寧王の父については、蓋鹵王、昆支王、東城王の三つの所伝があるのである。

整理すると、『三国史記』によると東城王（牟大王）の子で昆支王の孫、『日本書紀』によると蓋鹵王の子で昆支王からすれば甥、『百済新撰』によると、武寧王も末多王も琨支（昆支王）の子ということになる。

ただ、いずれの伝えも武寧王は昆支王と強い血縁的つながりをもっている。子か孫か甥なのである。そして、武寧王の直系の子孫が百済の百済の王系を継いでいった。

斯麻王は、東城王の後、即位した。「百済新撰」の記事を引用する形で『日本書紀』は、「末多王（東城王）が無道であったので、国人は王を排除して嶋王《せまきし》を王に立てた。これが武寧王である」と書く。武烈天皇紀四年の出来事として記されるのだが、武烈天皇も暴虐の限りを尽くした天皇として描かれている。

妊婦の腹を割いて胎児を見た。人のナマ爪《づめ》

を抜いてイモを掘らせた。人を池の桶に入れ、流れ出るところを三刃の矛で刺し殺すのを楽しみとした。女を裸にして板の上に座らせ、馬の交接をみせた……。書記は、常識では考えられないような行為を羅列する。「しきりに多くの悪業をされ、ひとつも善業を行われなかった。人民はことごとく震い怖《おそ》れた」とも書く。

「応神王朝」末期の没落を象徴する話との解釈がある。王朝が断絶して次に登場する継体天皇の新王朝を正当化するために、あえて武烈天皇を腐敗極まる暴君として描いた、との解釈である。

時を同じくして、倭国と百済に無道な王がいたのである。人々の支持をなくし、死去するか、あるいは王の地位を追われた。そして次に英明の王が登場した。継体天皇と武寧王である。倭国と百済に不思議なほど共通する歴史の展開をどう解釈すればいいのだろうか。

武寧王陵発見

一九七一年、韓国忠清南道の公洲（コンジュ）市の宋山里古墳群内から、武寧王の墓が発見された。発掘調査の結果、レンガ状の石を積み上げた磚築墳で、長方形のトンネル型の玄室内には、部内王の遺体を納めたとみられるコウヤマキの木棺が安置され、西側には王妃の遺体を埋納したらしい棺があった。北壁には、龕《がん》と呼ばれるくりぬき式の棚が設けられ、三つのランプが置かれていた。

特に注目を集めたのは羨道に置かれていた

武寧王陵（韓国・公州）

墓誌石。墓誌石には「寧東大将軍百済斯麻王　年六十二歳　癸卯年五月丙戌朔七日壬辰崩到」と刻まれていた。

この墓誌銘によってこの墓が斯麻王の墓であること、つまり武寧王陵であることが確定した。同時に、斯麻王＝武寧王が実在の人物だったことを証明した。「癸卯年」（五二三年）の五月七日に亡くなったこと、年は六十二歳で、逆算すると四六一年か四六二年に生まれたことも判明した。

　昆支王が来倭した時各羅嶋で生まれた斯麻王を本国に送り返したと記録する雄略天皇五年は四六一年のこととされ、『日本書紀』の記述と見事なまでに一致したのである。

　武寧王陵からは金製の耳飾り、金箔を施した枕、足乗せ、冠飾などきらびやかな装身具や中国南朝から舶戴した銅鏡、陶磁器など華麗な副葬品が三千点近く出土した。漢城を追われいったんは滅亡状態にあった百済を立て直し、中国や倭国など東アジア世界と広く交流した武寧王の政治力や文化的素養、人柄などをほうふつさせる副葬品だった。

隅田八幡宮鏡と忍坂一族

和歌山県橋本市の隅田《すだ》八幡宮に国宝・人物画像鏡が伝わる。直径一九・八センチ、外区に次のような四十八文字の銘文がある。

「癸未年八月日十大王年男弟王在意柴沙加宮時斯麻念長奉（寿）遣開中費直穢人今州利二人等取白上同（銅）二百旱作此竟（鏡）」

銘文の読み下し方や意味解釈にはさまざまな説がある。

骨子は、「癸未年八月、日十大王と（あるいは、の年）男弟王が意柴沙加《おしきさか》宮にいる時、斯《し》麻《ま》が長奉（寿）を念じ、開中費直《かわちのあたい》と穢人今州《あやひとのこんす》利《り》を遣わし、白い上等の銅二百旱（貫）を取り、この鏡を作った」というものだろう。

隅田八幡宮に飾られた人物像鏡の拡大復元品
（和歌山県橋本市）

しかし、「癸未年」とはいつのことなのか、「日十大王」「男弟王」「斯麻」の三人は、どういう人物のことを指すのか、文字の使用開始や「大王」号の始まりに絡む古代史の重大な謎《なぞ》を秘めながらも、見解が分かれる。

「癸未年」は、四四三年説と五〇三年説が対立している。四四三年説では、允恭天皇の時代の鏡となり、「男弟王」は允恭天皇の皇后の大中姫の弟とみなす考え方が多い。

これに対し五〇三年説では、「大王」を仁賢天皇か武烈とみなし、「男弟王」を継体天皇とする考え方が有力。そして「斯麻王」を百済の武寧王とみる。

「意柴沙加宮」は「忍坂の地の宮」と考えられる。そして、この鏡は忍坂の地にいた王のために作られたとみなしていい。文献には登場しないが、「オシサカ宮」は確実に存在したことになる。

その伝承地は桜井市忍阪《おっさか》。集落には後世、八角形墳の舒明天皇（在位六二九―六四一年）の押坂内陵（段の塚古墳）が造られた。また、田村皇女、大伴皇女、鏡女王ら、七世紀の宮廷を彩った女性らの墳墓がある。田村皇女は舒明天皇の母。大伴皇女は舒明天皇の父にあたる忍坂（押坂）彦人大兄皇子の叔母だった。忍阪には、七世紀の〝忍坂一族〟が眠るのである。

こうしたことから「忍坂の地」は〝忍坂一族〟の大和における拠点の一つとみなされている。

〝忍坂一族〟は血統的に息長氏と深いつながりがあり、〝息長ファミリー〟でもあった。

中大兄皇子（天智天皇）も大海人皇子（天武天皇）も舒明天皇の子、この〝息長ファミリー〟（忍坂一族）はやがて皇統の主流となっていくわけだが、人物画像鏡が、斯麻王が「意柴沙加宮」にいた男弟王、つまり〝忍坂一族〟の王か王子に贈ったものであるとすれば、〝忍坂一族〟や息長氏、つまりわが国の皇統が百済の斯麻王と何らかの深い縁があったことを示唆すると考えていいのではなかろうか。実に興味深いものがある。

なお、人物画像鏡の制作を四四三年と考えたとしても〝忍坂一族〟や〝息長ファミリー〟とのつながりは深い。允恭天皇の即位を強く促したと伝える皇后の忍坂大中姫は、応神天皇の子である稚野毛二派皇子の子で、近江（滋賀県）の坂田、湖北の伊吹山麓、天野川（息長川）を本拠とする息長氏の出身だった。

コウヤマキの棺

書紀によると、武寧王（斯麻王）は各羅嶋で生まれてすぐさま送り返されたことになっているが、必ずしも信じられない。蓋鹵王はいくら国王だったとはいえ弟の昆支王に対し、臨月を迎えている自分の婦を与えるというのもいかにも不自然。斯麻王は蓋鹵王の子ではなく昆支王の子だった、そして父、昆支王とともに倭国にそれなりの期間滞在していて、ある時期に帰国して即位したと考えた方がいいのではなかろうか。

既に書いたが、発掘された武寧王の棺はコウヤマキ（高野槙）で造られていた。コウヤマキは日本特産のスギ科の常緑樹で朝鮮半島にはない。材は桶《おけ》、船材、橋梁材などに用いられ、棺材としても秀れていたらしい。

　問題は、武寧王の棺材がなぜ日本にしかないコウヤマキだったのだろうか、ということである。武寧王はよほどの日本通だったということか、造墓に当たった工人たちが日本のコウヤマキの良さに精通していたということか、倭国の誰かが棺用のコウヤマキを早くから武寧王のもとに贈っていたのか――、いろんな推測が成り立ちそうだが、武寧王と倭国との強いつながりを読み取らざるを得ない。

武寧王陵の復元棺。日本から運ばれたコウヤマキ製だった（国立公州博物館展示）

　もしかすると、斯麻王は、生まれてすぐ送り返されたのではなく、一定期間倭国に滞在していたのではなかろうか、という推測がある。

　滋賀県立大学の田中俊明氏は、斯麻王は、擁立した人々の願望から蓋鹵王の子であるという伝承を作り上げたが、実際は昆支王の子で、倭国に四十年近くも滞在していたと推測する。東城王がクーデターで倒されたころに支持者らによって呼び戻されたのではないか、とみる。

隅田八幡宮の人物画像鏡制作の背景やコウヤマキを用いた棺の謎を解釈する上でも、斯麻王（武寧王）は昆支王の子で倭国に長く滞在、日本の王統（天皇家）ともひんぱんに交流していた、と推理するのが分かりやすいことは確かである。

純陀太子―和氏
そして、
高野新笠―桓武天皇

「ゆかり発言」

平成十三年（二〇〇一）、天皇（現上皇陛下）はワールドカップに先立って開かれた六十八歳の誕生日の記者会見で、「私自身としては、桓武天皇の生母が百済の武寧王の子孫であると、続日本紀に記されていることに韓国とのゆかりを感じています」と述べた。

いわゆる「ゆかり発言」と呼ばれるもので、国内外から注目された。韓国の百済王家と日本の天皇家は古代より深い縁によって結ばれているという歴史の事実を述べたものだった。

高野新笠

大筋は「斯麻王」編でも書いたが、『続日本紀』によると、延暦八年（七八九）十二月二十八日に桓武《かんむ》天皇の生母である皇太后の高《たか》野新笠《ののにいがさ》が亡くなった。翌延暦九年条に、「皇太后を大枝山陵に葬る」という記事があり、「皇太后の姓は和《やまと》氏、諱《いみな》は新笠。贈正一位の和乙継《やまとのおとつぐ》の女なり。母は贈正一位大枝朝臣真妹なり。后の先は百済武寧王の子純陀《じゅんだ》太子より出づ」としている。

また、『新撰姓氏録』は「和朝臣《やまとのあそん》」、つまり和氏のことを「百済国都慕《つも》王の十八世孫、武《ぶ》寧《ねい》王より出づ」としている。二つの文献は、「桓武天皇の生母の高野新笠は、和乙継の女《むすめ》であり、和氏は百済武寧王の子の純陀（淳陀）太

高野新笠の大枝山陵（京都市西京区大枝沓掛町）

子の子孫である」と伝えているのだ。

「純陀太子」の名前は『日本書紀』にも登場する。継体《けいたい》天皇七年条に「秋八月の二十六日に百済の太子淳陀が薨じた」とある。淳陀は純陀と同一人物とみていい。

白壁王（光仁天皇）の即位

高野新笠は、桓武天皇の父、白壁《しらかべ》王（後の光仁天皇）の夫人だった。即位前の白壁王が皇位など考えもしなかった非主流の王族時代に出会ったものだろう。渡来系氏族は『新撰姓氏録』で「諸蕃」とされ、新笠も身分・門地の低い氏族の出身だったが、白壁王がまさか即位して天皇となることは予想しなかった頃の婚姻だったようだ。

白壁王は、天智《てんち》天皇の第七皇子の施基《しき》（芝

基、あるいは志紀とも表記）皇子の第六子だった。壬申の乱（六七二年）以降、皇統の主流は天武系一色に染まり、奈良時代において天智系皇統の白壁王に即位の芽はないとみられていたようだ。

しかし、聖武《しょうむ》天皇の子、称徳《しょうとく》女帝は神護景雲四年（七七〇）に崩御、道鏡《どうきょう》と築いてきたいびつな政権が一夜にして崩壊した。女帝は結婚しておらず、同時に皇位を継ぐ天武《てんむ》系の人物は誰もいなくなってしまった。これが光仁天皇誕生の背景。白壁王は即位の時、

㊤施基皇子の光仁天皇の田原東陵
㊦施基皇子の田原西陵（いずれも奈良市）

六十二歳になっていた。藤原百川らの後押しがあったらしい。

桓武天皇となる山部《やまべ》王も、皇太子や天皇になるとは思いもよらない中で幼少・青年期を過ごした。父、光仁天皇の皇后の井上《いのえ》内親王は聖武天皇の女《むすめ》である。子供の他部《おさべ》親王は母の立后とともに皇太子となっていた。それに対して山部王の母は渡来系氏族出身の、「卑母」として扱われていた。山部王は、天皇位を夢みることさえできなかったはずである。

しかし、ここで藤原百川が権謀術数を尽くす。宝亀三年（七七二）三月、皇后井上内親王が「巫蠱《ふこ》」を行ったことで、廃立された。「巫蠱」とは呪いとまじないによって相手を陥れるもので、天皇に対する「謀反」が問われた。五月になって他部皇太子が廃立された。二人は大和宇智郡（現在の五條市）に幽閉され、三年後の宝亀六年（七七五）、二人いっしょに死去した。母子の陵墓は五條市御山町にある。

御霊神社。井上内親王・他戸親王母子らの霊を慰めるために桓武天皇の勅願で創祀されたと伝える
（五條市霊安寺町）

他戸皇太子廃立の半年後、山部親王が立太子、正式に光仁天皇の後継者となった。そして、六年後の天応元年（七八二）四月三日、光仁天皇の譲位により即位、桓武天皇となった。

朕の外戚なり

桓武天皇は、即位三年後の延暦三年（七八四）、平城宮を捨てて長岡宮に遷都する。十年後の延暦十三年（七九四）、平安京に遷った。千年の都の基礎を造ったのである。さらに、四回にわたり蝦夷征討軍を派遣し、王権の版図拡大――東北経営に力を注いだ。

『日本後紀』は、「…遠く威徳を照らす。宸極《しんぎょく》に登りてより、心を政治に励まし内には興作《こうさく》を事とし、外は夷狄《いてき》を攘《う》つ。当年の費と雖《いえど》も、後世の頼《たより》とする」と桓武を評価している。都づくりと蝦夷討伐で多くの費用を費やしたが、長い目で見れば後世が頼りとする重

桓武天皇の柏原陵（京都市伏見区桃山町）

要事業だった――というのである。天智天皇や天武天皇と並ぶ傑出した能力をもち、古代天皇権を確立した天皇といえる。

桓武天皇は生母が百済系渡来氏族の出身だったこともあって渡来人を優遇し、渡来人たちとはさまざまに関係が深かった。長岡京と平安京の造営に関しても秦氏など渡来人の強力な支援を受けたといわれる。『古代氏族の研究⑪　秦氏・漢氏』を著わした宝賀寿男氏によると、秦氏は応神《おうじん》朝ごろに渡来した大族で、初めは大和（奈良県）の葛城地方にいたが、やがて山城の葛野《かどの》地方（京都市西京区、右京区付近）を本拠とした。

長岡京造営にからみ秦足長《はたのたりなが》は十一階級の特別昇進、太秦公宅守《うずまさきみのやかもり》が七階級の特別昇進を果たしたという記録があり、役人として活躍したばかりでなく、遷都にあたって多額の私財の投入などがあったのではないか、と推定されている。

平安京の造営と秦氏との関係はさらに深く、大内裏はもと秦河勝《はたのかわかつ》（川勝）の邸宅だったとも伝える。

なお、長岡京選地の理由として、桓武天皇の生誕地説もある。古代の貴族階級の婚姻は招婿婚で、夫妻は同居せず、生まれた子は母方で養育されるのが一般的。桓武天皇の実母の高野新笠は和乙継と土師真妹《はじのまいも》との間に生まれた。土師真妹は山城国乙訓《おとくに》郡を本拠地とする氏族に生まれたことから、母の新笠もその子の桓武（山部親王）も母方の乙訓君で育てられた可能性をみるのである。

四度にわたった蝦夷征討で、征討軍を苦し

めた阿弖流為《あてるい》を捕らえた坂上田村麻呂《さかのうえのたむらまろ》のことはよく知られる。田村麻呂は最初の征夷大将軍として有名であるが、こちらも応神朝ごろに渡来したと伝える阿知使主《あちのおみ》を祖とする渡来系氏族の東漢《やまとのあや》氏の子孫にあたる。東漢氏は桧隅《ひのくま》地方を根拠とし、飛鳥の政権や蘇我氏を支えたが、やがて坂上氏が本宗的な立場に立ち、「新撰姓氏録」編纂の頃は、一族は六十二氏を数えたと伝える。

桓武天皇は、都づくりも蝦夷征討も渡来系氏族を頼りとした、また重用した。白村江の戦い（六六三年）で、日本（倭国）と百済が唐・新羅連合軍に敗れた際に亡命してきた百済の王族の子孫である百済王氏も厚遇した。百済王氏出身の明信は桓武天皇の後宮の一人として重要な地位を占めたといわれる。桓武天皇は、母高野新笠の死の直後の延暦九年二月、百済王氏一族の多くを昇叙して「百済王等は朕《ちん》の外戚《がいせき》なり」と宣言した、とも伝える。

和氏

百済の純陀太子から始まる百済王族の和氏《やまと》は、大和（奈良県）を拠点としたことから和《やまと》氏を名乗ったのだろう、といわれる。しかし、具体的にどこが本拠地だったかということはまったく分かっていない。磯城郡の大和郷（天理市）がいわれたりするが、根拠は何もない。大倭《おおやまと》神社があり、四世紀ごろの前期古墳が集中する大和郷はもっと古いヤマトの中核の地だった。

それよりも、「推理・推論　忍坂一族（息長ファミリー）は河内飛鳥から大和入りした」編で述べたように、昆支王を祀る飛鳥戸神社のある近つ飛鳥から片岡の地（王寺町、香芝市付近）に遷った百済系渡来人らが大和入りを果たしたことで「和氏」を名乗ったのではないか、と考えている。

百済武寧王が亡くなったのは、武寧王陵にあった墓誌から五二三年（継体天皇十七年）だったことがはっきりしている。その子純陀太子は、百済にいたのか、倭国へ来ていたのかは分からないが、おそらく青壮年期を迎えていただろう。一方、桓武天皇が即位したのは七八一年（天応元年）、つまり、純陀太子の時代と高野新笠の時代はほぼ二五〇年、いくら短くみても二〇〇年くらいの開きがある。

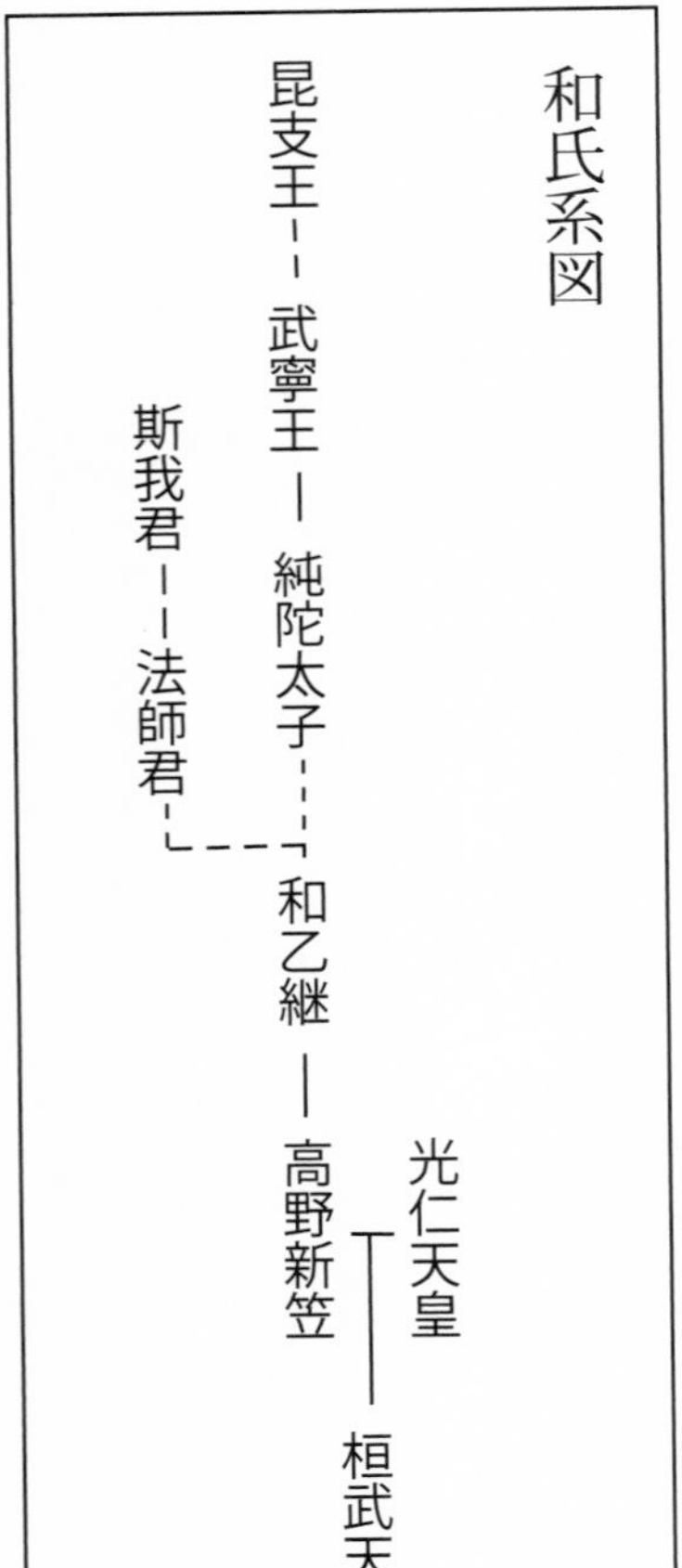

純陀太子から倭乙継・新笠に至る二〇〇年、和氏は倭国でどのように生き、根を降ろしたか、ほとんど分かっていない。和氏と名乗るようになったのだから大和（奈良県）を本拠としたのではないか、と想定できるぐらいである。

『日本書紀』武烈七年（五〇五）条に、次のような記事がある。

百済の王《こきし》は斯我君《しがきし》を遣わして調を進上した。

「さきに送った麻那《まな》は百済の主《にりむ》の骨族ではない。そこで謹んで斯我を遣わす」との手紙が添えられていた。

〈巻第十六・武烈天皇〉

「先に送った使者は百済王族ではないので失礼があった。改めて王族の斯我を使者として差し向ける」というのである。

次いで、「斯我君に子が出来た。法師君《ほうしきし》といった。これが倭《やまと》君の先祖である」と書いている。

倭氏と和氏が同一とすると、和氏の祖として純陀太子ばかりでなく法師君も考えなければならないことになる。ただ、純陀太子の時代からは一世代ほど後の出来事なので、「法師君は純陀太子の死後、この家を継承したということではなかろうか」（田中俊明氏）という解釈もある。

桓武天皇の血脈が現代の皇室にまでつながっていることは疑えない。だから、冒頭に記した天皇の百済（韓国）との「ゆかり発言」は間違いではない。

源氏や平氏も、桓武平氏や清和源氏に代表されるように、桓武天皇の血を引く。ということは、中世以降の武家の時代においても、桓武天皇の血脈、つまりは武寧王―純陀太子の血脈が日本の支配階層の頂点に立ち続けたということである。「百済とのゆかり」は皇統だけのことではなかった。

武寧王の本当の父が昆支王であれば、五世紀に渡来した昆支王こそが日本の支配者の祖ということになる。

推理推論

忍坂一族（息長ファミリー）は、河内飛鳥から大和入りした

片岡・城上を経て磐余・飛鳥へ

片岡の地

「傍岡《かたおか》」、「片岡《かたおか》」という古代地名があった。現在の奈良県北葛城郡王寺町、河合町、上牧町、広陵町と香芝市あたりを指す地名だったらしい。「傍《かたわら》の岡」とは、馬見丘陵の西半分より西側の大和を意味したものか。葛下川流域地方と重なる。

『日本書紀』は、推古二十一年（六一三）のこととして、片岡に遊んだ聖徳太子が、不思議な飢人に出会った、と書く。飢人は禅の開祖、達磨《だるま》大師だった、と伝える。同地には、達磨像を本尊として中世に建てられたらしい達磨寺がある。

達磨大師の墳墓が、現在の本堂の下にある、と伝承する。本堂の下には確かに古墳（達磨寺3号墳）がある。本堂は平成十六年に建て替えられたものだが、古墳の墳丘の上に建つため見上げるばかりに高い位置にある。

達磨寺の西南方、国道168号をはさんですぐに、片岡王寺跡がある。現在の王寺小学校の敷地（王寺町本町二丁目）が伽藍の中心部だったらしい。明治二十年頃まで、小学校敷地内に基壇跡や礎石があったという。素弁蓮華文軒丸瓦が出土しており、創建は飛鳥時代（七世紀前半）とされる。金堂、講堂、塔が一直線に並ぶ四天王寺式の伽藍配置だったと推定されている。

平安時代の永承元年（一〇四六）に落雷のため金堂、回廊、南大門、経堂などを焼失したと伝えるが、大伽藍を誇った古代寺院だった。『放光寺古今縁起』によると、

達磨寺。本堂は古墳の上に建つ
（奈良県王寺町本町）

敏達天皇の第三皇女の片岡姫が片岡宮で仏教に帰依、天皇の許可を得て宮を寺としたのが始まりと伝える。片岡王寺は、王寺町の町名のもととなった。

伽藍推定地の西側の丘には片岡王寺の法灯を継ぐ放光寺と片岡神社があり、このあたりが「片岡（傍岡）」の中心地だったようだ。孝霊天皇の「片岡（丘）馬坂陵」は寺からは五〇〇メートル程の王寺町本町三丁目に治定されている。なお、武烈《ぶれつ》天皇陵とされる「傍丘磐杯丘《かたおかのいわつきのおか》北陵」は香芝市今泉に、顕宗《けんぞう》天皇陵とされる「傍丘磐杯丘南陵」は香芝市北今市に治定されている。

一対の寺―百済がルーツ

王寺町から香芝市北部にかかる葛下川沿いは、葛城氏の同族の一つである葦田《あしだ》氏が本拠とした「葦田《あしだ》」の地とも推測されている。

香芝市最北端の同市尼寺《にんじ》には尼寺廃寺跡（国史跡）がある。同廃寺跡からは平成七年（一九九五）に、巨大な地下式塔心礎が掘り出され大きな注目を集めた。心礎は一辺約三・八メートルの正方形、全国的にも最大級の大きさだった。柱座から耳環三、水晶玉四、ガラス玉三、刀子一の舎利荘厳具《しゃりしょうごんぐ》が出土した。

香芝市教育委員会による継続した発掘調査で、中心伽藍は東向きの法隆寺式だったことが判明した。北に金堂、南に塔、東に中門が取り付く回廊がめぐっていた。飛鳥時代の創建と考えられている。

なお、すぐ南にも尼寺廃寺南遺構がある。

尼寺廃寺（片岡尼寺）の北遺構。主要伽藍が復元されている（香芝市尼寺）

塔基壇跡から出土した舎利荘厳具
（香芝市教育委員会提供）

片岡王寺跡と尼寺廃寺跡は、ともに国道１６８号沿いにある。約三キロ隔てるだけで、北と南に並ぶ。もしかすると一対の寺だったのかもしれない。

僧寺と尼寺が一対となった古代寺院としては、摂津に百済寺・百済尼寺があったといわれる。いまでは幻の寺だが、大阪市天王寺区堂ケ芝町で百済寺の瓦と関係があると推定できる古瓦が出土している。付近は「百済野」と呼ばれ、百済川（平野川）が南から北へ貫流し、桃の花咲く谷間（桃谷町の由来）や白鶴が群れなく百済川の橋（鶴橋町の由来）などがある景勝地だったと伝える。百済の滅亡時に亡命してきた遺民たちが本拠を交野郡（枚方市、交野市付近）に移すまで集住地だったと推測されている。百済王氏の最初の本拠地だった。

夫婦一対、男女のセットは百済の考古資料に目立つ。武寧王陵も男女の合葬だった。男女一対は、百済の根強い風習だったのだろうか。

百済との関わり、百済からの渡来人との関わりについて考えると、片岡の地と、武寧王や純陀《じゅんだ》太子を祖とする和《やまと》氏との関わりや、百済滅亡時に渡来した百済王氏との関わりなどさまざまに考えられる。

純陀太子から始まる百済王族の和氏からは奈良時代に高野新笠《たかののにいがさ》が出て白壁王（後の光仁天皇）の妃となり桓武天皇を生む。（「純陀太子―和氏」の編参照）

純陀太子は百済の名君、武寧《ぶねい》王の子だったと伝承する。武寧王（斯《し》麻《ま》王）は昆支王が日本に渡来した時に九州・各羅《かから》島で生まれ、本国に送り返されたと伝える。蓋鹵《こうろ》王の子とされるが、昆支王の子だったとの見方もあり、昆支王との関わりは深い。

その昆支王を祭神とするのが近つ飛鳥の飛鳥戸神社。大阪府羽曳野市飛鳥の地にあり、付近は、昆支王とともに渡来した人々の本拠地だったと考えられる。

実はその飛鳥戸神社と片岡の地は直線距離で一〇キロほどしか離れていない。古代においても、大和川の流れに沿う亀の瀬越えや香芝市の逢坂に通じる穴虫峠越え、田尻峠・関屋越えなど河内と大和を結ぶ幹線道で結ばれていた。現在も、国道25号・同１６５号、西名阪自動車道、ＪＲ大和路線、近鉄大阪線、近鉄南大阪線などが通じる。車で行けば、二十分ほどの距離である。

もし、飛鳥戸神社あたりに居た昆支王ゆかりの百済の渡来人たちが大和へ進出したとすれば、片岡の地は足がかりの地として一番の適地だったといえるのではなかろうか。河内から進出して片岡の地を本拠に和（倭）氏を名乗って僧寺と尼寺を建立したと考えれば、実によく辻褄が合う。

平野塚穴山古墳

尼寺廃寺跡の西南八〇〇メートル程に国史跡の平野塚穴山古墳がある。一辺約一八メートルの版築工法を用いた方墳、二上山凝灰岩を用いた横穴式石槨《せっかく》が開口するが、壁面には漆喰《しっくい》が塗布され、明日香の高松塚古墳、キトラ古墳、マルコ山古墳などとそっくりだ。七世紀後半ごろに造られた終末期古墳とされる。

昭和四十七年（一九七二）、内部が乱掘にあい、橿原考古学研究所が緊急調査した。遺物は、組紐《くみひも》を芯に漆を塗り重ねた最高級の棺である夾紵棺《きょうちょかん》の破片のほか、金環、玉類、須恵器の杯身などが出土している。七世紀後半の築造とみられる。国史跡。

被葬者について、香芝市在住の古代史学者の塚口義信氏（元堺女子短大学長）は、皇極《こうぎょく》（斉明《さいめい》）女帝と孝徳《こうとく》天皇の父にあたる茅渟《ちぬ》王と推理する。

『延喜式』によると茅渟王の墓は「片岡葦田《かたおかのあしだ》

平野塚穴山古墳（香芝市平野）

墓」とされる。つまり、片岡葦田にあるというのである。この片岡葦田の地に、七世紀代、皇族や貴族クラスの人物の墓が築かれたという記録は「茅渟王の片岡葦田墓」以外になく、平野塚穴山古墳の被葬者は茅渟王以外に考えられない。これが塚口説である。

古墳の内部構造に、武寧王陵など百済の陵山里古墳群の影響が認められるという。茅渟王の父は押坂彦人《おしさかのひこひと》大兄皇子。舒明《じょめい》天皇（田村皇子）も押坂彦人の子で茅渟王とは兄弟となる。そして、茅渟王と吉備姫の間に生まれたのが宝皇女（皇極・斉明天皇）と孝徳天皇である。

宝皇女は舒明天皇の皇后となった。舒明天皇との間に生まれたのが中大兄皇子（天智天皇）と大海人皇子（天武天皇）、やがて皇統の主流となっていく。

舒明天皇の百済宮・百済大寺

『日本書紀』には、舒明天皇十一年のこととして次のような記事がみえる。

秋七月、天皇は勅を発し、

「今年、大宮と大寺を造らせる」

と言った。

百済《くだら》川の側《ほとり》を宮処《みやどころ》とし、西の民は宮を造り、東の民は寺を造った。書道縣《ふみのあたいあがた》を大匠《おおだくみ》（建設責任者）とした。

十二月、百済川の側に九重塔を建てた。


〈巻第二十三・舒明天皇〉


舒明天皇は十三年十月、百済宮で亡くなった。宮の北で殯《もがり》をした、と記す。二年足らず百済川の側《ほとり》の百済宮で過ごしたことになる。

百済川とはどこの川のことをいったのだろうか。その側《ほとり》に造られた百済宮と九重塔（百済大寺）はどこにあったのだろうか。古くから論争が繰り広げられてきた。

候補地の一つが北葛城郡広陵町百済《くだら》の百済寺付近。曽我川と葛城川にはさまれた地であり、鎌倉時代のものとされる三重塔（重文）が建つ。東側を北流する曽我川は、数多い大和川支流の中でも初瀬川と並ぶ屈指の流れだが、「百済川」と呼称されたこともあったらしい。

塚口義信氏は、曽我川をはさんで西側に百済宮、東側に百済大寺が造営された、と考えた。西側の百済宮が造営された地は現在の広陵町百済の百済寺付近。これに対して東側の百済大寺が造営された地は、曽我《そが》川の東側にあたる橿原市飯高《ひたが》町付近と推定する。宮は百済川（曽我川）の西の民を、寺は百済川（曽我川）の東の民を動員して造ったと推測する。

舒明朝の百済大寺のことは、『日本書紀』のほか、『大安寺《だいあんじ》伽藍《がらん》縁起《えんぎ》并《ならびに》流記《るき》資財帳《しざいちょう》』と平安時代の『三代実録』にも登場する。いずれも「十市《とおち》郡の百済川辺に造った」と記す。飯高町あたりは十市郡に属し、両史料と矛盾しない。

百済大寺の造営に

子部神社（橿原市飯高町）

は、「子部社《こべのやしろ》の地を切り開いて造った」（『大安寺資財帳』）、「子部大神が近側にある」（『三代実録』）などの記述が見える。また、「子部社の神の恨みを買い、九重塔と金堂の石鴟尾《しび》が焼けてしまった」とのエピソードも伝える。百済大寺と子部社は大変縁が深いのだが、飯高町には『延喜式』に記載された「子部神社二座」に当たるとみられる子部神社がちゃんと二カ所に現存する。

水派邑・城上

『日本書紀』には、武烈《ぶれつ》天皇三年のこととして、大伴室屋《おおとものむろや》大連に「信濃国の男丁を徴発して、城の像《かたち》を水派邑《みまたのむら》に作れ」と命令があった、そこを城戸《きのへ》といった—との記事がみえる。用明《ようめい》天皇紀によると、押坂彦人《おしさかのひこひと》大兄皇子も水派《みまた》宮に居たことが分かる

水派邑、水派宮は、その名の通り多くの水（河川）が分かれるところであった。逆にいえば、多くの水（河川）が一つになる地形だったと考えられる。

寺川、米川、飛鳥川、曽我川、葛城川、さらに初瀬川の分流など、大和平野南部の諸河川は全部、現在の合流点より五キロ以上も上流で一つになっていた可能性が、現在の河川の状況や発掘成果からうかがえる。その場所は橿原市飯高町の北側あたりとみられる。そこには、文字通りの「広瀬」を形成していたのではなかろうか。水派邑

だったのではなかろうか。

武烈紀によると、水派邑を城上《きのへ》ともいったというが、「城上」は、現在ではまったく消えうせた地名で、、所の失った歴史地名だが、大和平野南部の諸河川が合流する橿原市飯高・小槻町のあたりのことだったのではないだろうか。

『角川地名大辞典』は、「キノヘ」のことを「河川の流域からみて一段高い土地。あるいは自然堤防上の地」と解説する。合流する川に半島のように突き出た飯高・小槻町はピッタリの地形だ。

「キノヘ」は「木戸」「木上」などとも表記するが、武烈紀にあるように「キ」は「城」のことと考えてもよく符合する。東と北と西を川にはさまれた土地はまさに自然の要塞だっただろう。飯高町と小槻町はいま、かつては十市郡と高市郡に分かれていたということが信じられないくらい接して

橿原市飯高・小槻町付近を流れる水路。大和川の諸河川が寄り集まっていたと考えられる

立地し、ひとつの集落のように見える。いまも、二つの集落の周囲を四角く環濠が取り巻く。

なお、国道24号バイパス建設事前調査で、飯高・小槻町方面に向かって斜めに流れる幅約一〇〇メートルの旧河道が発掘されている（土橋遺跡）。この旧河道は、曽我川の古い流れで、飛鳥川もいっしょになっていた可能性がいわれる。旧河道が郡界になっていたとすれば、一つの集落のように見える飯高・小槻町が郡を異にした秘密はこんなところにあるのかもしれない。

一方、「キノヘ」の「ヘ」は、「辺」「上」「部」「家」などと通じる。水辺の地形や一段小高い地形、そうしたところに形成された城柵や集落を連想させる。さらに「舳」とのつながりを考えるのもおもしろい。「舳」は船のへさきのことだが、川の合流点へ突き出た半島状の地形は水に乗り出す船のへさきとそのものといえよう。川の合流点、川の分かれるところは水運の拠点でもあっただろうと推測される。

敏達系王族に伝領

平林章仁氏はかねがね、百済大寺の所在地を「広瀬の地」にあたると考えられる広陵町百済付近と推察してきた。その大きな根拠として、敏達天皇系王族と旧広瀬郡との強いつながりを指摘、敏達天皇から押坂彦人大兄皇子―舒明天皇―天武天皇―高市皇子―長屋王へと伝わる反蘇我系の王家に伝領されたのが、王家の権力や生活を支える基盤としての広瀬の地の百済の王宮だった、と説いてきた。

平林氏の指摘するように、舒明天皇の王統（敏達天皇系王族）と「広瀬」や「城上」や「百済」との関係は深い。『日本書紀』の用明天皇二年の記事により、舒明天皇の父、押坂彦人大兄皇子が水派宮に居たこと、その水派宮は武烈天皇三年紀によって城上と同地であったことが分かることは既に書いた。

押坂彦人大兄の父、敏達《びだつ》天皇は、磐余の地（桜井市付近）の訳語田幸玉《おさだのさきたま》宮に遷るまで百済大井宮に居たとされる。また、敏達天皇の殯宮も広瀬に営まれたと伝える。

さらに、高市《たけち》皇子（天武《てんむ》天皇の長子）の死に当たって柿本人麻呂が献呈した『万葉集』（巻二）の挽歌《ばんか》に「百済の原ゆ　神葬り　葬りいませて　麻裳《あさも》よし　城上の宮を　常宮《とこみや》と…」とあり、高市皇子の殯宮《もがりみや》は城上に営まれたことが分かる。

奈良市の百貨店建設地の事前調査で発見された長屋王邸（平城京左京三条二坊一・二・七・八坪）跡から出土した長屋王家木簡の中に「城上進□」「木上進　供養分米六斗」「木上進糯米四斛」「木上進　竹百六根」「木上司進採交四斗」など、城上（木戸）からさまざまな産物が王邸に届けられていたことを示す付け札木簡が多数出土した。

長屋王は高市皇子の長子だった。父祖から伝えられた城上の地が、舒明、天武をへて高市皇子―長屋王へと伝領されていったことをうかがわせるのである。

平林氏は、蘇我氏系王族の飛鳥、上宮王家の斑鳩などの例を上げて、古代王宮伝領の理由・意味を「王宮が単に天皇の居所、王権の所在地であっただけでなく、王宮の主の権力や生活を支える基盤だったからであり、宮殿のほかに奴婢・屯田・御薗・倉蔵・道路や港津など、人・経済・交通等の機構・機能が備わっていたからに他ならない」（同前掲書）と書いている。

そして、敏達系王族に伝領された広瀬の王宮の地は、平安時代の永平年間に編さんされた『和名類聚抄《わみょうるいじゅうしょう》』にみえる広瀬郡城上の地にほかならないとみる。城上の地とは百済を含む広陵町南部の地域一帯のことだったと考える。

そうであるなら、押坂彦人大兄の子であり、高市皇子の祖父である舒明天皇の百済宮だけが「城上」とは違う別の離れた場所にあったとは考えにくい。百済宮や百済大寺も、父祖から子孫へと伝領されていった王宮の地、つまり城上の地に含まれていた、あるいはそのものだったと考えざるを得ない。

城上の所在地は、川の寄り集まるところに突き出た高台、橿原市飯高・小槻町あたりと推定することも、広陵町の百済寺付近と推定することも可能だが、いずれにしても、かつての十市、高市、広瀬の三郡が接するあたりと推測できる。

『延喜式』によると、水派宮で過ごした押坂彦人大兄は広瀬郡の成相《ならい》墓に葬られたと伝える。広陵町・馬見《まみ》丘陵（現在は真美ケ丘ニュータウン）の牧野《ぼくや》古墳とする見方が有力だ。高市皇子が葬られた三立岡《みだておか》墓は広陵町三吉《みつよし》小字見立山《みたてやま》付近（真美ケ丘ニュータウン内）がその伝承地だ。いずれも広瀬郡内とみてよく、城戸郷からほど近い。城上や水派邑に近い広瀬郡内には、敏達天皇系皇統の葬地も営まれたとみられる。

押坂彦人大兄皇子の「成相墓」との見方が有力な牧野古墳（広陵町三吉）

息長系の「忍坂王家」

塚口義信氏は、敏達天皇系王族のことを息長《おきなが》系の王統として「忍坂《おしさか》王家」と呼ぶ。

押坂彦人大兄は有力な皇位継承候補者の一人で、蘇我氏と推古女帝にとっては大変煙たい存在だったようだ。母は息長真手王の娘、広姫皇后。蘇我氏と血のつながりをもたない息長王統（忍坂王家）のエース格だった。

桜井市に忍阪《おっさか》というところがある。市街地の東はずれ、宇陀ケ辻で国道165号線から分かれ女寄《めより》峠経て大宇陀方面に抜ける国道165号線を行くと一つ目の集落。粟原川に沿う谷あいに、昔ながらのたたずまいを見せる。

集落の中に白鳳時代の三尊石仏（重文）を安置する石位寺がある。また、数少ない八角形墳の一つ、舒明《じょめい》天皇の押坂内陵（段ノ塚古墳）や鏡女王、田村皇女、大伴皇女ら、七世紀の宮廷を彩った女性らの墳墓がある。

舒明天皇の押坂内陵（桜井市忍阪）

田村皇女は舒明天皇の

母。大伴皇女は、その父、押坂《おしさか》（忍坂）彦人大兄《ひこひとおおえ》皇子の叔母《おば》だった。忍阪には、七世紀の〝忍坂一族〟が眠るのである。

一族には、渋る允恭《いんぎょう》天皇に談判して皇位に就けた、とのエピソード（『日本書紀』）を伝える忍坂大中姫《おおなかつひめ》などもいた。雄略天皇の産みの親である。舒明の和風諡号《しごう》は「息長足日広額《おきながたらしひろぬか》」だった。「息長」を含む。押坂彦人大兄の母、広姫も息長氏の出身だった。息長の皇統と忍坂の皇統はイコールだったとみていい。〝忍坂一族〟は〝息長ファミリー〟でもあった。

塚口氏は、百済を中心とする広瀬の地こそ「忍坂王家」のいまひとつの本拠地だった、それ故に敏達の百済大井宮、殯宮、忍坂彦人大兄の水派宮や成相墓が営まれ、舒明天皇の百済宮、百済大寺も広瀬の地（百済大寺の推定地は十市郡に含まれるが広瀬郡と隣接する）に営まれたと考える。

「忍坂王家」は片岡から

その広瀬の地は、実は、片岡王寺、尼寺廃寺、平野塚穴山古墳などがある葛下川の谷（片岡・葦田の地）と程近いのである。いまは真美ケ丘ニュータウンとなった馬見丘陵をはさんで東西に並ぶ。

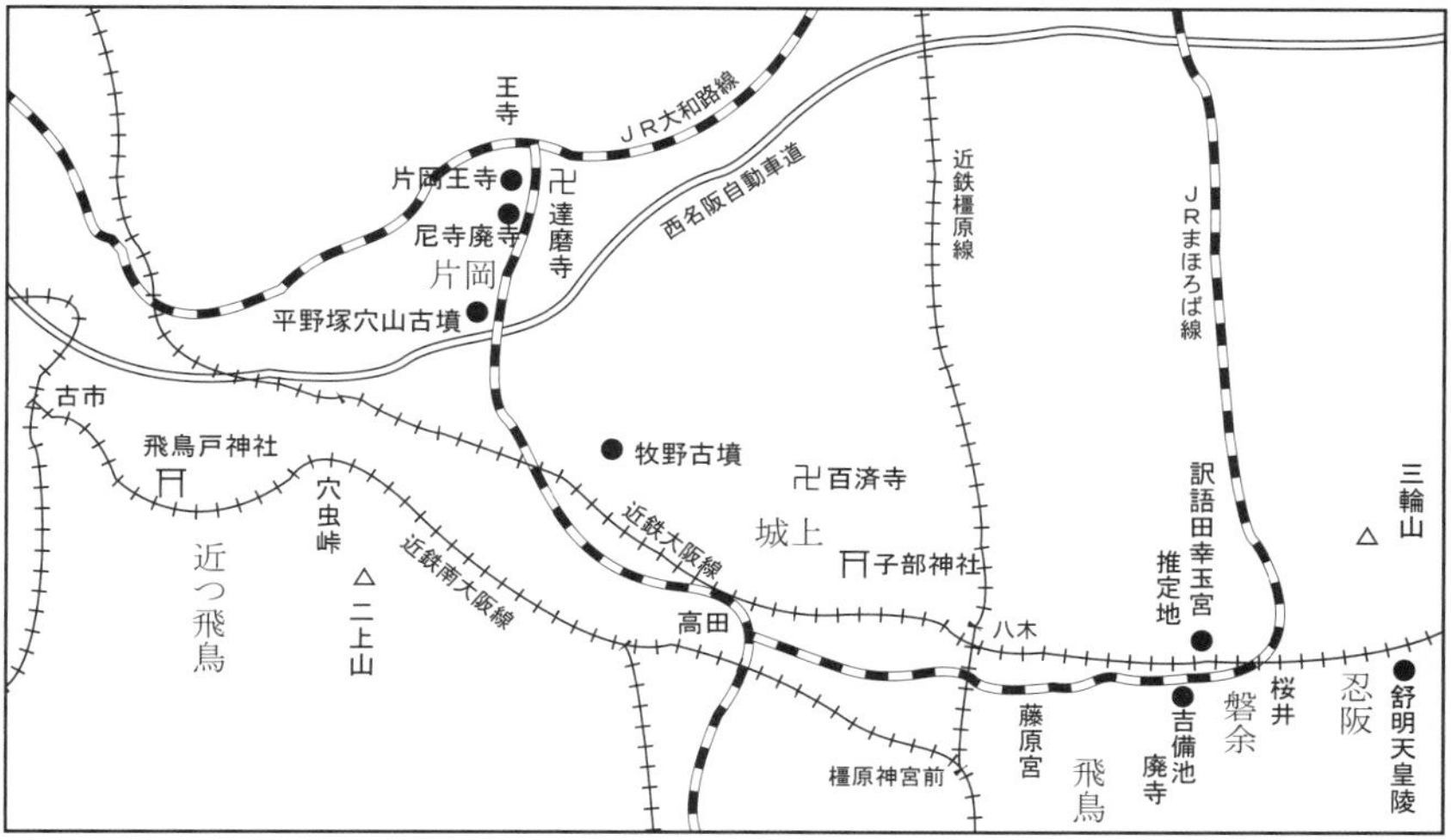

近つ飛鳥から片岡、城上、磐余を経て飛鳥、忍坂へ

忍坂王家の勢力は、広瀬から寺川や米川を逆上ったのではなかろうか。行きついたところが桜井市忍阪の地、舒明天皇をはじめとする飛鳥時代の王家一族の葬送の地だった。

忍坂一族と息長皇統の大和での拠点は忍阪の地という先入観がこれまで支配的だった。広瀬の地や馬見丘陵は、忍坂一族との文献や考古資料における強いつながりが注目がされながらも、「もう一つの拠点」「第二の拠点」との認識にとどまっていた。しかし、逆方向に考えて、忍坂王族は河内・近つ飛鳥から大和入りして片岡・葦田の地に入り、馬見丘陵を越えて広瀬の地に勢力を拡大し、さらに寺川、米川を逆上って桜井市忍阪の地に到達した、と推測した方がすんなり理解ができるのではなかろうか。

片岡・葦田までは、昆支王や武寧王や純陀太子の血脈を引く和氏ら、古い時代に渡来した百済王統と解釈できるが、馬見丘陵、広瀬から後の足跡はいわゆる天皇家の皇統そのものであることは注意しなければならない。それも、天智天皇や天武天皇に連なる古代皇統譜の本流と連なるのである。

二つの王統と皇統をつなぐということは、日本の皇統を百済の王統の延長と捉えることにほかならない。百済の王統と日本の皇統は同系統だった――。こうを考えてこそ、斉明天皇や中大兄皇子が必死になって百済救援に当たったこと、桓武天皇が百済から渡来した王族たちの子孫をことのほか優遇したことなど、さまざまな古代の百済と日本の関係の謎が解けるのである。

磐余・飛鳥へ

平成九年（一九九七）、桜井市吉備の吉備《きび》池《いけ》廃寺が発見された。七世紀前半の巨大な金堂と塔の基壇遺構が発掘され、最古の法隆寺式伽藍配置の存在が確認された。金堂基壇は東西約三七メートル、南北約二八メートルを測り、山田寺跡（桜井市山田）の二・八倍、藤原宮や平城宮の大極殿にも匹敵する巨大なものだった。塔基壇は一辺約三〇メートル、本薬師寺跡塔基壇の四倍の面積をもち、同規模のものは、史跡・大官大寺跡（明日香村小山）くらいにしか例がなかった。調査した奈良文化財研究所は、高さ一〇〇メートルにも達する九重塔がそびえていたと推定した。

　出土瓦は筆頭官寺にふさわしい大ぶりで、舒明十三年（六四一）に造営が開始された山田寺よりやや古い特徴をもっていた。また、軒丸瓦、軒平瓦ともに二種類しかなかった。こうした事実も含めた総合的な検討の結果、調査した奈良文化財研究所は、「六三〇年から六四〇年代初頭に創建され、やがて別の場所へ移転した寺院と考えられる。発掘調査で明らかになった金堂・塔および伽藍の規模は、同時代の国内寺院をはるかにしのぎ、新羅の皇龍寺や文武朝大官大寺に近い。これらが国家の大寺として建立されたように、吉備池廃寺も天皇（大王）の発願によるものとみてよいだろう。すると、年代とあわせてそれに合致するのは百済大寺しかない」（『吉備池廃寺発掘調査報告―百済大寺跡の調査』奈良文化財研究所、2003年）と断定した。

吉備池廃寺（桜井市吉備）

皇室系譜と百済の王室系譜

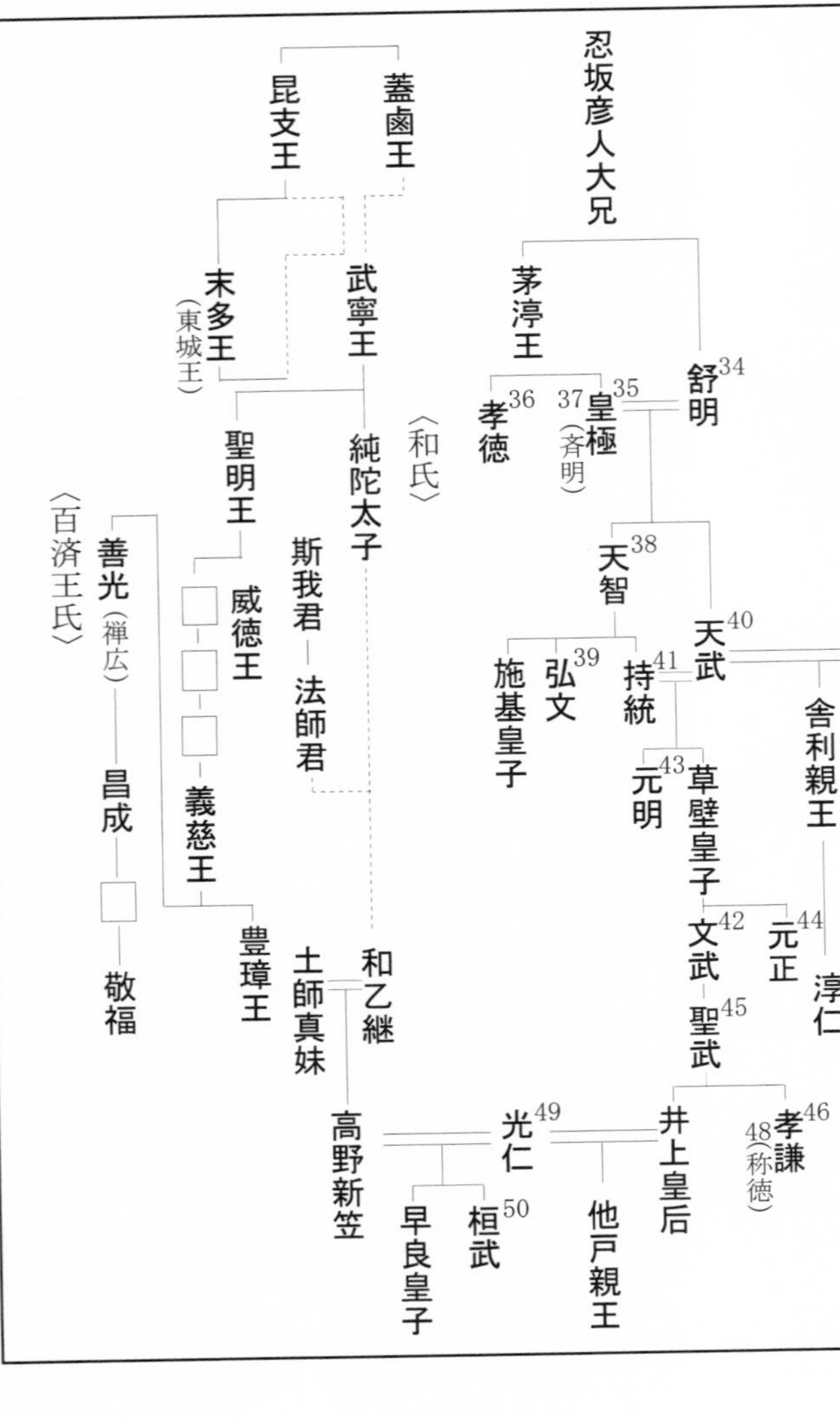

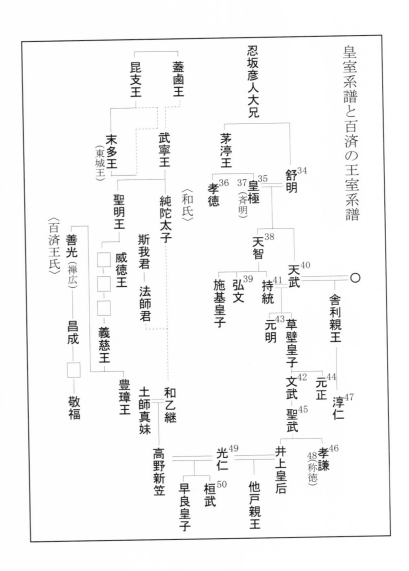

この吉備池廃寺について、私は、皇極天皇が夫・舒明の遺志を承けて造営した百済大寺ではあるが、舒明天皇がその十一年（六三九）に発願、「百済川の側」に宮とともに造営した百済大寺ではない、と考える。宝皇女（皇極天皇）は、確かに舒明天皇の遺志を継いで百済大寺を造営した。しかし、それは別の場所であった。それが吉備池廃寺と考える。

皇極女帝は、夫・舒明天皇の遺志を受け、〝未完の大寺〟の再建に執念を燃やしたのではなかろうか。ただ、息長系王統ゆかりの百済川の側《ほとり》―城上《きのへ》に於いてではなかった。吉備池廃寺の側を流れる米川は、いまは寺川と合流して下ツ道沿いを北流するが、もともとは城上付近で他の大和平野南部諸河川といっしょになっていたとみられる。つまり、息長系の皇統は、米川を逆上って、古くからの大和王権の本拠地、磐余の地に進出したのである。

ちなみに、敏達天皇が即位四年目に百済大井宮から遷ったという訳語田幸玉宮の所在地は分かっていないが、有力視されているのは桜井市戒重の春日神社付近である。春日神社はもと長田《おさだ》宮といったと伝え、『延喜式』に載る磯城郡の他田坐天照御魂《おさたにますあまてらすみたま》神社は同社のこととされている。

付近一帯は、阿倍丘陵の先端台地ともいえる高燥地。東から西にこの高燥地を取り巻くように寺川が流れる。

私は、春日神社の東側、寺川と横大路と上ツ道が交わるあたりに海石榴市《つばきいち》があり、飛鳥の都への玄関口にもなっていた、と推定する。そこは、寺川沿いに城戸から忍坂へ逆上る途上でもあった。こう考えると、忍阪皇統譜（息長ファミリー）と磐や飛鳥の大王権とのつながり、太いパイプがよく見えるのである。

コラム 河内源氏三代の墓

建久三年（一一九二）、源頼朝が鎌倉幕府を開いた。源平合戦を制し、初めて武家政権を樹立した。その頼朝は河内源氏の嫡流だった。

河内源氏は源頼信から始まる。頼義、義家、義親、為義、義朝と続き、頼信から七代目が頼朝だった。

頼信は、長元四年（一〇三一）に常陸国内で反乱を起こした下総国の豪族、平忠常を降伏させ、武門としての名声をあげるとともに、河内源氏の東国での基盤を著しく強化させた。河内源氏は以降、東国・奥羽での夷狄鎮圧という役割を担うことになった。

頼信に次いで河内源氏の当主となった長男の頼義は、桓武平氏嫡流の平直方の女婿となった。これにより頼義は、桓武平氏の拠点の一つだった鎌倉の屋敷や所領を獲得、河内源氏は、清和天皇の流れをくむ清和源氏だけでなく、桓武天皇の流れをくむ桓武平氏の権威や信頼をも受け継ぐことになった。

その頼義は陸奥守、さらに征夷大将軍として、反乱（前九年の役）を起こした阿倍頼良（頼時）を討伐、その子で猛威をふるった安倍貞任《さだとう》も討ち滅ぼした。鎌倉に鶴岡八幡宮を勧請したのも頼義だった。

頼義の嫡男、八幡太郎義家は、神業とも称される弓の達人として著名だった。平安時代末期に起こった前九年の役で頼義が安倍貞任軍に惨敗を喫した時（一〇五七年）、義家の神のごとき射芸によって死地を脱したエピソードはよく知られる。その義家は、前九年の役に次いで後三年の役（一〇八三―一〇八七年）も鎮圧、武功を立てた。しかし、弟義綱との対立や嫡男義親の濫行で河内源氏を窮地に追い詰めることになった。

義家死去後、河内源氏の嫡流は義親、為義へと続くが、その勢いは没落していった。次に嫡流として登場したのが頼朝の父である義朝。義朝は保元の乱（一一五六年）で後白河天皇側に立って活躍した。ただ、父為義や弓の名人として名をはせた弟為朝らと対立、結局、勝利したものの父親を処刑するという運命をたどり、河内源氏は深刻な内部分裂に至った。

勝者義朝は、天皇の居所である清涼殿の殿上間への立ち入りを許される殿上人《てんじょうびと》になった。河内源氏では初めてのこと。同じく後白河天皇側で保元の乱に勝利した平清盛とともに、武門の中心として中央政界に躍り出た。武家棟梁と呼ばれるのにふさわしい存在だったとされる。

しかし、それも束の間、平治元年（一一五九）に勃発した平治の乱で平清盛と対決して敗れた。逃亡したものの尾張国で命を落とす。ただ嫡男の頼朝は捕らえられたものの清盛の継母の池禅尼《いけのぜんに》の助命により処刑されずに済み、伊豆に流された。後に挙兵、清盛の平氏を討ち、鎌倉幕府を開くことになるのである。

祖先をたどれば桓武天皇

武門源氏のうち河内源氏の嫡流は、いま見てきたように鎌倉幕府創設の頼朝に連なるが、頼信の父満仲の血統には摂津源氏、大和源氏、多田源氏、美濃源氏などがあった。また、頼信の血統である河内源氏からは新田氏、足利氏、平賀氏、佐竹氏、山本氏、安田氏、武田氏、小笠原氏などが分かれた。いずれも平安時代から鎌倉時代、南北朝時代、室町時代にかけての名流武門であり、数々の戦闘を荷った家系である。

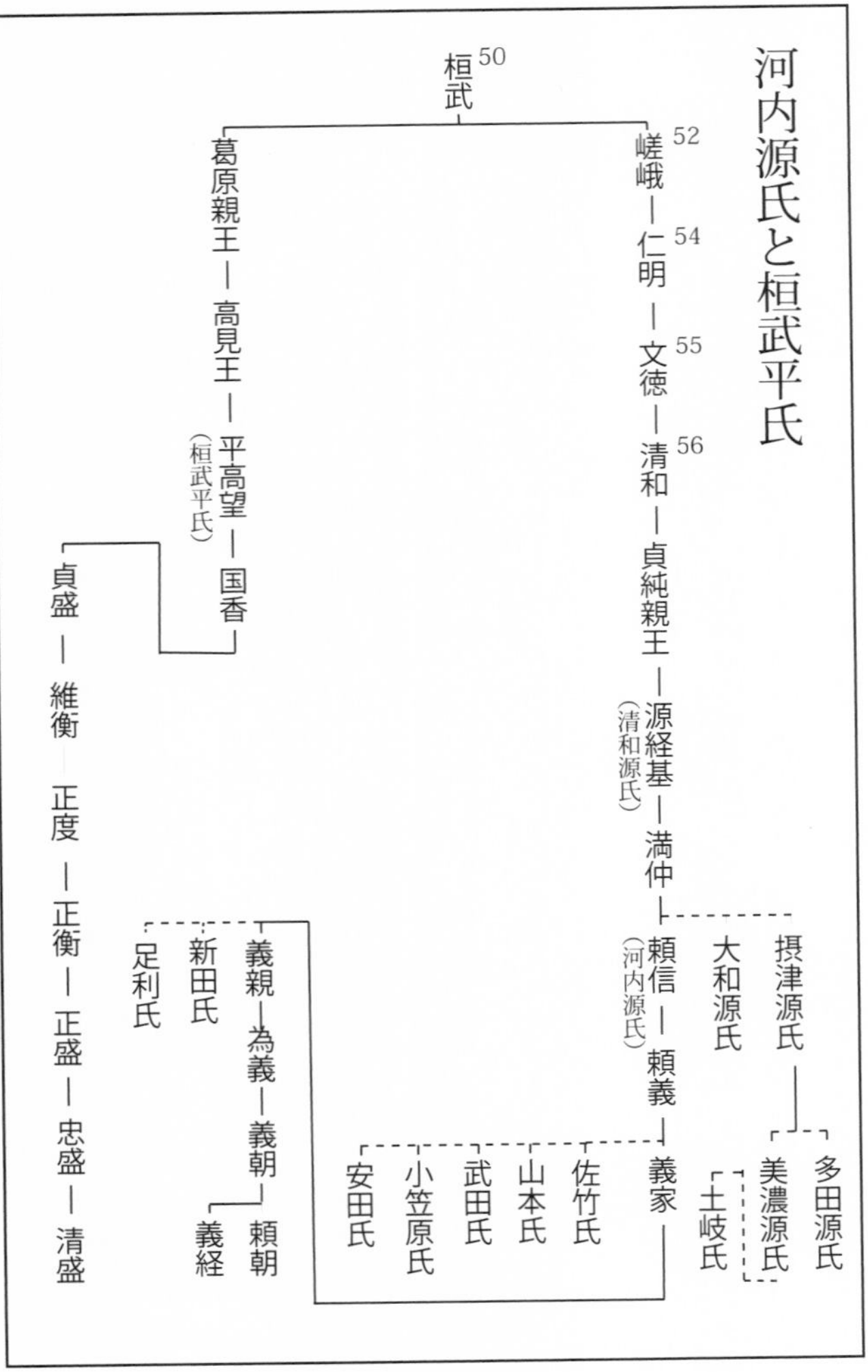

武門源氏の祖とされる満仲（頼信の父）は源経基、その父は貞純《さだすみ》親王だった。貞純親王は清和天皇の皇子。源氏の祖をたどれば清和天皇に行き着くのである。「清和源

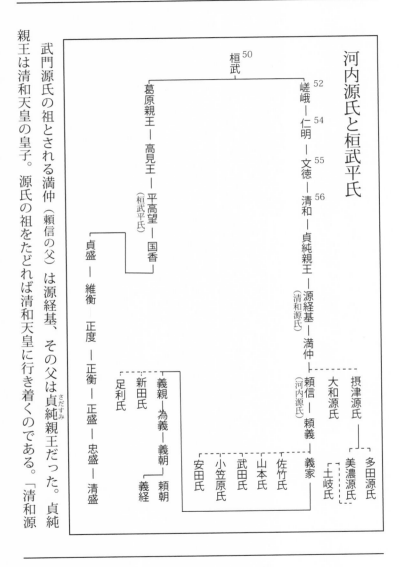

氏」といわれるゆえんである。

清和天皇は八五〇年から八八〇年にかけて在位した。文徳天皇の第四皇子だった。文徳の父が仁明天皇、その父が嵯峨天皇、その父が桓武天皇だった。

一方、「桓武平氏」は、桓武天皇三世の子孫、高望《たかもち》王から始まる。高望王は臣籍降下して平《たいら》姓を与えられ、大規模な騒乱状態が続いていた坂東へ上総介として東下、混乱を鎮圧、東国での軍事的立場を確立した。平将門の乱（九三五―九四〇）による混乱、内紛などもあったが、桓武平氏は高望王から国香―貞盛―維衡―正度―正衡―正盛―忠盛を経て清盛に至る。

なお、平高望（高望王）の父は高見王、その父は葛原《かずらはら》親王、桓武天皇の皇子だった。

つまり、「桓武平氏」も「河内源氏」もその祖は桓武天皇にさかのぼる。後に、我が国を支配することになる武家の祖は桓武天皇にたどり着くといっていいのである。

近つ飛鳥に河内源氏三代の墓

河内国の石川郡に河内源氏三代の墓がある。源頼信、頼義、義家の嫡流三代の墓である。隣り合わせで、河内源氏の氏神だった壺井八幡宮（羽曳野市壺井）と菩提寺であった通法寺（羽曳野市通法寺）があった。壺井八幡宮は源頼義が前九年の役の後、石清水八幡宮（京都府八幡市）を勧請して創建したと伝える。通法寺も頼義が父頼信とともに観音堂を建立し、氏寺としたと伝える。いまは山門と鐘楼を残すだけだが、三代の墓はいずれも境内に営まれた。

河内源氏三代の墓。㊤から頼信、頼義、義家が眠る（大阪府羽曳野市・太子町にまたがる「壺井の里」）

壺井八幡宮（羽曳野市壺井）

河内源氏三代の墓がある壺井の里は、いわゆる近つ飛鳥の一角にある。百済から渡来した昆支王を祀る飛鳥戸神社に程近く、一キロ余りしか離れていない。

桓武天皇は、昆支王の実子であった可能性がある百済の武寧《ぶねい》王の流れをくむとされる和《やまと》（倭）氏の出である高野新笠《たかののにいがさ》を母として生まれた。つまり、昆支王の飛鳥戸神社がある近つ飛鳥は、歴史をたどれば桓武天皇にとってもふるさとの地といえるのである。武家の祖といえる桓武天皇と武家の発祥地ともいえる近つ飛鳥・壺井の里は、深いつながりを示唆するのである。

逆に言えば、河内源氏の本拠地であり、武家の発祥地ともいえる壺井の里

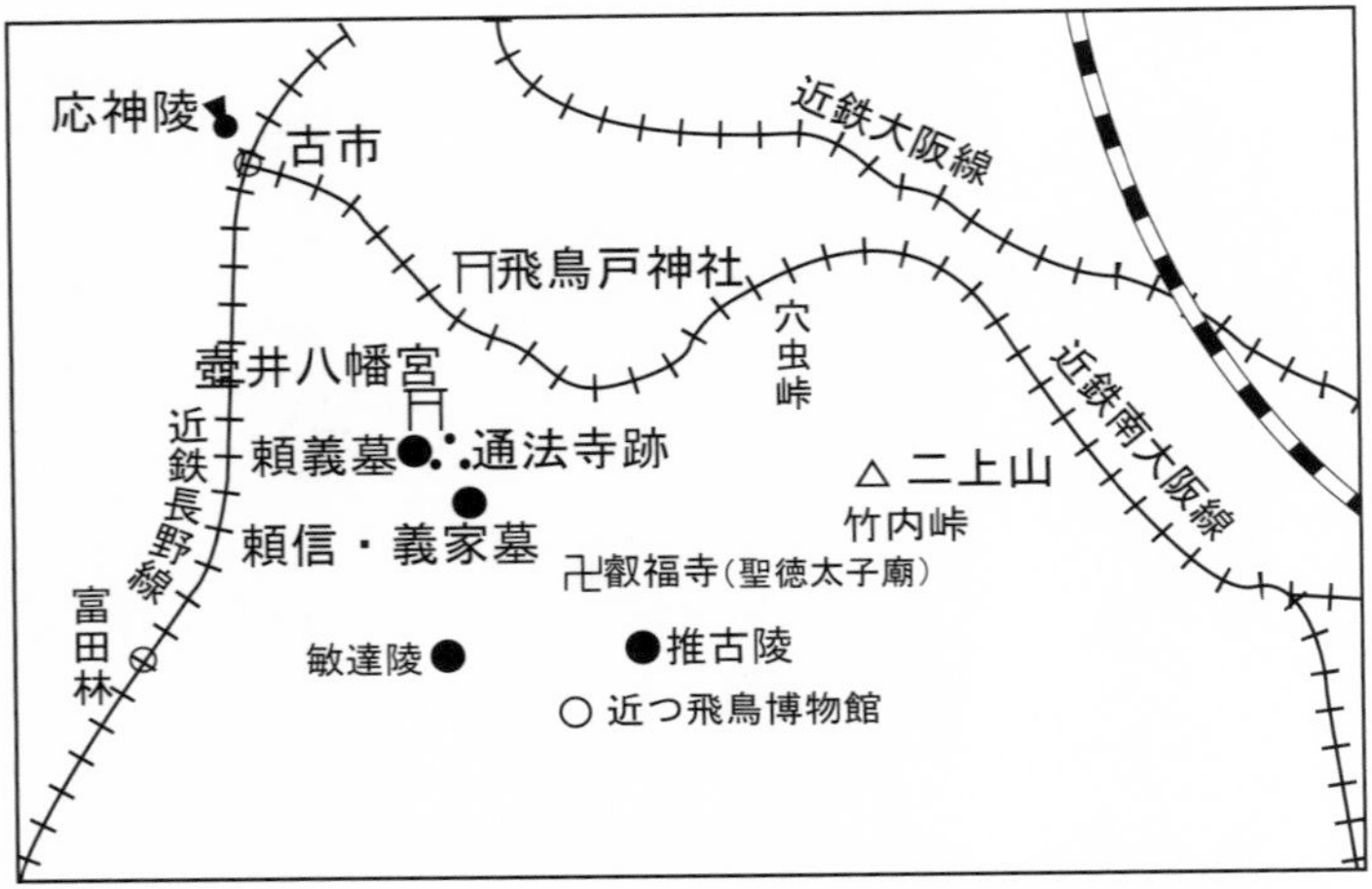

河内源氏三代の墓は、飛鳥戸神社と隣り合わせの
近つ飛鳥にある

は、飛鳥戸神社、そして百済から渡来した昆支王と深い関わりがあったということになる。源氏、平氏ら武家の祖は百済からの渡来人だった——などとも推理したくなる。

なお、壺井の里は、応神天皇陵とされる誉田《こんだ》陵や隣り合わせる誉田八幡宮から五キロ程しか離れていない。河内王権の最初の大王とされる応神天皇も百済から渡来してきたのでは、と秘かに考えている。日本の支配者の原点は南河内にあり、その主役は半島の百済からやってきた人たちやその子孫であった——のではないだろうか。

第2部

渡来の群像

於美阿志神社（桧隅寺跡）の十三重石塔（奈良県明日香村）

アメノヒボコ

アメノヒボコは、記紀ともに詳しい渡来の記録がある。『日本書紀』では「天日槍」、『古事記』では「天之日矛」と表記されている。

新羅の王の子

『日本書紀』は、垂仁天皇三年春三月のこととして次のような記事を載せる。

新羅の王の子《こきし》、天日槍《あめのひぼこ》が来帰した。羽太《はふと》の玉一箇、足高の玉一箇、鵜鹿鹿《うかか》の赤石の玉一箇、出石《いずし》の小刀一口、出石の桙《ほこ》一枝、日鏡一面、熊の神籬《ひもろぎ》一具の合わせて七つの物だった。但馬《たじま》国に納めて長く神の物とした。

一説によると、天日槍は以前、播磨《はりま》国に碇泊し、宍粟邑《しそうむら》に居た。天皇は、三輪君の祖である大友主《おおともぬし》と倭直《やまとのあたい》の祖である長尾市《ながおち》を遣わして、天日槍に

「お前は誰か、どこの国の人か」

と尋ねた。天日槍は、

「僕《やっこ》は新羅国の王の子です。日本国に聖皇がおられると聞き、やって参りました」

と答えた。そして、葉細《はほそ》の珠《たま》、足高《あしだか》の珠《たま》、鵜鹿鹿《うかか》の赤石の珠、出石《いずし》の刀子《とうす》、出石の槍《ほこ》、日鏡、熊の神籬《ひもろぎ》、胆狭浅《いささ》の大刀の合わ

せて八つだった。

　そこで天日槍に、

「播磨国の宍粟邑と淡路島の出浅《いざさ》邑の二つの村に居住して良い」

と申し渡した。ところが天日槍は、

「もしお許しいただけるなら、私がみずから諸国を巡り見て、心にかなったところを賜りたい」

と願い出た。天皇は即座に許した。

　そこで天日槍は、菟道《うじ》川をさかのぼって近江国吾名邑《あなむら》に行き、しばらく住んだ。さらに、近江より若狭《わかさ》国を経て、西の方の但馬《たじま》国に至り、居所を定めた。

　近江国の鏡村の谷《はさま》の陶人《すえびと》は天日槍に従っていた者たちであった。

　天日槍は、但馬国の出嶋《いずし》の人、太耳《ふとみみ》の女麻多鳴《またお》を娶って但馬諸助《もろすけ》を生んだ。諸助は但馬日楢杵《ひなき》を生んだ。日楢杵は清彦を生み、清彦は田道間守《たじまもり》を生んだ。


〈巻第六・垂仁天皇〉

阿具沼の赤玉

『古事記』応神天皇段にもアメノヒボコ（天之日矛）の渡来の記事がある。


　昔、新羅の国主の子がいた。名は天之日《あめのひ》矛《ぼこ》といった。来帰した理由は次のようなことである。

　新羅の国に阿具沼《あぐぬま》という沼があった。その沼のほとりで、ある賤《いや》しき一人の女《をみな》が昼寝の最中に妊身《はら》んで赤玉を生んだ。

　様子を見ていた一人の賤《いや》しき夫《をとこ》がその玉

を乞い貰《もら》って常に腰に着けていた。男は山谷に田をもっていた。耕作人たちの食べ物を牛に背負わせて山谷に入った時、天之日矛に出遭った。

　天之日矛は

「なぜ飲食《おしもつ》を牛に背負わせて山谷に入る。この牛を殺して食うのだろう」

と問い詰め、捕らえようとした。男は、

「ただ、田人《たびと》の食を運んでいるだけだ」

と抗弁したが、赦《ゆる》されず、腰の玉を渡してやっと赦された。

　日矛はその玉を持ち帰って家に置いていた。すると玉は美麗《うるわ》しい嬢女《おとめ》になった。天之日矛は喜び、嬢女を妻とした。嬢女は珍しいものを食べさせるなど日矛に尽くしたが、日矛は、そのうちに心奢《おご》って妻をののしるようになり、女は

「吾《あれ》は、あなたの妻となるべき女でなかった。我が祖《おや》の国に行く」

と家出、小舟に乗って逃げ渡り、難波にとどまった。

　天之日矛は、妻が逃げたことを知り、海を渡り、難波に上陸しようとしたが渡《わたり》の神に塞えぎられて、多遅摩《たじま》国に上陸した。

〈中巻・応神天皇段〉

但馬の出石

『日本書紀』と『古事記』では内容にかなりの隔たりはあるが、アメノヒボコは新羅の王子で日本に渡来して、但馬に居所を定めたことは共通している。

但馬の中でも拠点としたのは出石《いずし》だった。兵庫県出石町宮内には出石神社（伊豆志坐神社）がある。アメノヒボコを祀る。但馬の国の一の宮で「一宮《いつきゅう》さん」と崇敬され、親しまれている。

㊤出石神社㊦但馬の出石の田園風景（兵庫県豊岡市）

円山《まるやま》川河口の豊岡市瀬戸に「瀬戸の切戸」と呼ばれる水路がある。アメノヒボコが川の両側にそそり立った岩を削り、この水路を造ったという伝説が地元にある。

そしてこの「瀬戸の切戸」の掘削によって、沼地だった豊岡平野を豊かな耕作地に一変させたとも伝える。アメノヒボコは「但馬開拓の祖神」とされる。

㊤「瀬戸の切戸」。アメノヒボコが岩を削り、円山川の水を排出したとの伝えがある（豊岡市瀬戸）
㊦円山川（豊岡市）

また、この切戸造営で円山川は、水面と人家や道路のある陸との差がわずか数十㌢という特異な流れだが、大雨で上流からいくら水が押し寄せても、本流の河口と「瀬戸の切戸」に流れが分散し、水位はほとんど変わらない、という。

『播磨国風土記』には、九カ所にアメノヒボコが登場する。播磨国内の三郡で何らかの活動を伝えるが、最も多いのは伊和大神との国土

伊和神社（兵庫県宍粟市一宮町）

占拠を争った伝承。宍粟郡での対決を伝える記事は六カ所に上る。これは、アメノヒボコが初め宍粟村《しわさのむら》に居たという所期の伝えと符合するものだが、播磨国内での土地争いに敗れ、上陸地の但馬国に舞い戻ったのではないか、との見方もある。

なお、伊和大神は兵庫県宍粟市一宮町にある伊和神社の祭神。伊和神社は播磨国の一の宮、伊和大神は出雲系の神とされ、広く地域の崇敬を集めていたらしい。

田道間守

但馬国の出嶋《いずし》（出石）を本拠としたアメノヒボコは、書記によると、出嶋の人、太耳《ふとみみ》の女麻多鳴《またお》を娶《めと》って但馬諸助《もろすけ》を生んだ、と伝える。諸助の子は日楢杵《ひなき》、その子は清彦、その子が田道間守《たじまもり》だと伝える。

書記によると、垂仁天皇八十八年、アメノ

ヒボコの曾孫にあたる清彦が、ヒボコが渡来した神宝を朝廷に献上した。ただ、出石という名の小刀だけは献上したくないと考え、隠し持っていたが、天皇の前で露見してしまい、清彦はやむなく献上した。神宝類はみなヤマト朝廷の武器と神宝の収蔵庫である石上《いそのかみ》神宮（天理市布留町）の神符《みくら》に納めたが、出石の小刀だけ自然になくなっていた。日が経って、淡路島に渡っていることが分かった。

淡路島の人々は自然に渡ってきた出石の刀子を神だと思って祠《ほこら》を建て、祀った。洲本市由良岬にある生石《おいし》社がそれにあたる、とされる。生石社はいまは洲本市に入っているが、旧津名郡由良町、淡路島の東の突端、生石鼻に鎮座する。

書紀の垂仁天皇九十年条には、清彦の子田道間守が、天皇から常世国《とこよのくに》の「非時《ときじく》の香菓《かぐのみ》」を取ってくるように申し付けられた、という記事がある。天皇は、九年後の九十九年の秋

垂仁天皇陵。周濠に浮かぶ小島を田道間守の墓と伝承する（奈良市尼ヶ辻町）

七月に崩御。翌年の春三月に田道間守は常世国から十年ぶりに帰った。勅命の「非時の香菓」を持ち帰っていた。天皇の死を悲しみ、陵に参って「天皇がお崩れになって復命することができません」と大声で泣き叫んで自殺してしまった、と伝える。

「非時の香菓」とは、書記は橘であると注釈する。『古事記』は「登岐士玖能迦玖能木実」と書く。ミカンのことだろうか。垂仁天皇陵は、いま奈良市尼辻町にある前方後円墳の宝来山古墳（全長227メートル）とされ、周濠の中に田道間守の墓と伝える小島がポツンと浮かんでいる。

『日本書紀』は、田道間守は三宅連の始祖と伝える。『新撰姓氏録《しんせんしょうじろく》』は、新羅国諸蕃の部で天日桙《あめのひぼこ》の後裔《えい》として、左京の橘守、右京と摂津国の三宅連、大和国の糸井造を載せている。三宅は、古代の天皇家直轄領であった屯倉《みやけ》に何らかの縁があって起こった称とみられるが、その由縁ははっきりしない。

三宅郷や三宅の地名は各地にあるが、大和（奈良県）にも三宅郷があった。いまは磯城郡三宅町。町の中心部の大字は但馬である。アメノヒボコ族の一部が但馬国の出石地方から大和へ移住し、倭屯倉《やまとのみやけ》と関わったのでは、との推測もある。なお、三宅町の隣の川西町結崎には、絲井氏と関係深かったと考えられる糸井神社がある。

『古事記』は、アメノヒボコが多遅摩《たじま》の俣尾《またのお》の女、前津見を娶して生んだ子が多遅摩母呂須久《もろすく》であり、子孫は多遅摩斐泥《ひぬ》、多遅摩比那良岐《ひならぎ》、多遅摩毛里《もり》、多遅摩比多訶《ひたか》、清日子《きよひこ》、酢鹿之諸男《すがのもろお》らを経て葛城の高額比売《たかぬかひめの》命《みこと》へと連なると書く。そして、高額比売命は息長帯比売（神功皇后）の祖である、とも書く。

糸井神社（川西町結崎）

つまり、新羅を征討した神功皇后は、新羅から渡来してきたアメノヒボコの子孫だというのである。

吾名邑

『日本書紀』によると、自由に居所を選ぶことを許されたアメノヒボコは、菟道河《うじがわ》をさかのぼって近江に入り、吾名邑《あなむら》でしばらく住んでいた、としている。いまの蒲生郡竜王町である。竜王町綾戸に苗村《なむら》神社がある。延喜式内の古社、長寸《なむら》神社に相当するとされる。東西に二つの本殿をもち、桧皮葺きの建物群はみごとだ。氏子は三十三カ村に及ぶという。

苗村神社の「苗村」は「吾名邑」がなまったもののようである。「吾名」は朝鮮半島南

苗村神社（滋賀県竜王町綾戸）

部にあった古代国家、安羅（安那）と関係が深いらしい。吾名は、漢、綾、穴などに転じたらしい。苗村神社のある大字名の綾戸も吾名や安羅に通じているのだろう。

大和でも桜井市に穴師というところがある。崇神紀に登場する「穴磯邑《あなしのむら》」であるとされ、穴師坐兵主《あなしにますひょうず》神社が鎮座する。垂仁天皇の纒向珠城宮《まきむくのたまきのみや》、景行天皇の纒向日代宮《まきむくのひしろのみや》の伝承地もあり、日本最初の王都の地とされる。最初の天覧相撲で野見宿祢《のみのすくね》と当麻蹴速《たいまのけはや》が闘ったと伝える「カタヤケ

穴師坐兵主神社（桜井市穴師）

シ」の地も穴師の集落内に伝承、相撲神社があり、「相撲発祥の地」とされる。

兵主神社の兵主神は鉄を食べるともいう武神、兵器や兵器などの金属製品の製造と深く関わったとされる。但馬、播磨、近江などに多く鎮座、アメノヒボコ伝承の分布と重なりが見いだせる。

穴師の「アナ」も「吾名」や「安那」「安羅」のことかもしれない。「漢」「文」等にも通じ古代朝鮮半島と深いつながりを感じさせる。

三重県の名張は「アナハリ」ではなかったか。「ハリ」は、「張」「墾」「原」「針」「晴」などに通じ、ピンと張った平たい開墾地のことを意味したのだろうが、「アナハリ」は「アナの人々が開いた土地」でなかっただろうか。いつしか、「ア」が落ちて「ナバリになった——。

近江の吾名邑に戻ろう。苗村神社西五キロほどに鏡山（三八五メートル）があり、その麓（蒲生郡竜王町鏡）に天日槍を祭神とする鏡神社が

鏡神社。天日槍を祭神とする（滋賀県竜王町）

ある。また、周辺には陶器焼きの古窯跡がたくさん発掘されている。古代の陶器生産集団が居住していたことを示すものだ。生産された陶器は新羅伝来の須恵器が中心だったとみられる。

「近江国の鏡村の谷《はざま》の陶人《すえびと》は天日槍に従っていた者であった」と『日本書紀』にある。「天日槍はしばらく吾名邑に住んだ後、若狭国を経て但馬国に入った」と記す記事に付記している。『日本書紀」の記事そのものの世界が近江には現存するのである。

ツヌガアラシト

『日本書紀』の垂仁天皇二年条に、「一書によれば」として次のような記事がある。


額に角が生えた人が越国《こしのくに》の笥飯浦《けひのうら》に碇泊した。

「どこの国の人か」

とたずねたところ
「意富加羅国の王の子で、名は都怒我阿羅《つぬがあら》書斯等《しと》といいます」

と答えた。

「日本国に聖王がおられると聞いて帰化しました。穴門（いまの山口県）と出雲国を経てここにやってきました」

と付け加えた。

天皇は、

「道に迷わず来ていたら、先皇（御間城天皇＝崇神天皇）に仕えることができただろう。帰国したらおまえの本国の名を弥摩那《みまな》国と改めなさい」

と赤絹を賜り、帰国させた。

〈巻第六・垂仁天皇〉

書紀は、額に角のようなものがあった都怒我阿羅斯等が上陸したから角鹿《つぬか》という、と地名起源伝承も載せている。いまの福井県敦賀である。敦賀市曙町には越前国一の宮とされる気比《けひ》神宮（笥飯宮）がある。境内の七社が『延喜式』の名神大社《みょうじんたいしゃ》で、祭神は伊奢沙別命《いざさわけのみこと》、仲哀《ちゅうあい》天皇、神功皇后、応神天皇ら。摂社に都怒我阿羅斯等《つぬかあらしと》を祭神とする角鹿神社がある。

「北陸道総鎮守」とも称されるこの気比神宮の主祭神、伊奢沙別命《いざさわけのみこと》、すなわち気比大神（笥飯大神）はアメノヒボコのことだろう、との見解を示す研究者は多い。今井啓一氏によると、『神祇志料』や神宮の旧社記に気比大神はアメノヒボコのことだと書いている。

気比神宮（福井県敦賀市）

話はややこしい。気比神宮の主祭神はアメノヒボコと同一ということは、記録にはないが、アメノヒボコは若狭国から但馬国に至るまでに越の笥飯浦に立ち寄っていたのか。それとも気比神宮摂社に祭られてるツヌガアラシトと同一人物ではなかったかとの推察もできる。

　アメノヒボコの半島での故地は新羅とされるが、都怒我阿羅斯等は意富加羅《おほから》国の王子と名乗り、その名前からも阿羅の出身と推測できる。そして、帰国に際して「弥摩那《みまな》国と改めよ」と、天皇から言われたとの伝承があるところからすると、任那地方の出身かもしれない。

　ただ、古い時代の記録である。人物名などはどこまで信じられるものか、分からない。それよりも、敦賀の笥飯浦あたりに新羅など朝鮮半島の古代の国々から渡来人が多数やって来たこと、またその渡来人が中心になって北陸の玄関でもある敦賀地方の開拓を推し進めたと考えた方がいいのではないか、と思う。

ヒメコソの社

『古事記』応神天皇の段にアメノヒボコの妻として登場する「玉から生まれた乙女」の話は、『日本書紀』の垂仁天皇二年条にも登場する。都怒我阿羅斯等渡来の記事に続いて、次のように書く。

　一説によれば、都怒我阿羅斯等が国にいたとき、牛を盗まれ、食べられてしまった。その牛の代償として白い石をもらい寝室に置いていたら、石は美しい乙女になった。阿羅斯等は大いに喜んだが、留守にしている間に乙女はいなくなった。

　乙女は、難波に来て、日売許曾社《ひめこそのやしろ》の神になった。あるいは豊国の国前《くにさき》郡の比売語曾社の神になった。

〈巻第六・垂仁天皇〉

　『古事記』と書紀の話は大変よく似ている。牛と玉が登場し、玉から生まれた美しい乙女は男のもとから逃げ出して日本に渡航、難波へやって来た――。乙女の誕生で喜んだ男は、異なる。『古事記』はアメノヒボコ、書紀は都怒我阿羅斯等。しかし、この二つの記事からもアメノヒボコと都怒我阿羅斯等は同一人物だったらしいことが推測できる。

　難波の日売許曾社は、大阪市東成区東小橋三丁目にある。ＪＲと近鉄の鶴橋駅の東北す

日売許曾神社（大阪市東成区東小橋三丁目）

ぐのところである。西北六〇〇メートルほどにある真田《さなだ》山から移遷されたもので、真田山は姫山とも呼ばれる、という。付近には在日朝鮮人・韓国人が多く住み、神社の周辺にはいつも焼き肉を焼くにおいが漂う。

姫島神社（大阪市西淀川区姫島町）

なお、日売許曾神社の祭神は阿加流比売《あかるひめ》神とも下照比売《したてるひめ》神ともいわれる。国東半島の姫島のほか、大阪市西淀川区姫島町にある姫島神社、大阪市中央区高津町の高津神社、大阪市東住吉区喜蓮町の楯原神社、大阪市平野区平野東町の赤留比売神社などにも祭られている。阿加流比売は「アカルヒメ」、「カラヒメ」のことかもしれない。

『日本の中の朝鮮文化』を著した金達寿《きむたるす》さんは、大阪市小橋南町の比売許曾神社に注目して、祭神の女神は「太陽托胎卵生説話」に登場する女神で、似たような話が朝鮮の民話などにもある、と指摘する。

弓月君《ゆづきのきみ》—秦氏

朝津間の掖上

『日本書紀』の応神天皇十四年条に次のような記事がある。


　弓月君が百済より来帰した。弓月君は天皇に、

「自分の国の人夫百二十県を率いて帰化しました。しかし、新羅人が邪魔をしましたので、人夫たちは加羅国にとどまっています」

と言った。

　弓月君の人夫を連れ帰るために葛城襲津《かつらぎのそつ》彦《ひこ》を派遣した。ところが襲津彦は三年経っても戻らず。四年目の応神天皇十六年の八月、平群木菟《へぐりのつくの》宿祢《すくね》と的戸田《いくはのとだの》宿祢《すくね》を加羅に派遣した。新羅の王は屈服し、襲津彦とともに弓月の人夫らを連れ帰った。


〈巻第十・応神天皇〉


『新撰姓氏録《しんせんしょうじろく》』は弓月君を秦氏の祖と位置付け、百二十県ではなく百二十七県の百姓たちを率いて帰化したと書く。

　『新撰姓氏録』はまた、秦氏の出自を「秦《しんお》始皇帝《しこうてい》の十三世孫孝武の後」とする。これにより秦氏を中国の秦始皇帝の子孫とする考え

方がかつて多かったが、いまでは、韓国慶尚南道の古地名である「波旦《はた》」と何らかのつながりをもつ、との解釈が有力。つまり、研究者の多くは秦氏を新羅系とみる。弓月君は百済から来たのではなく、「弓月の人夫」らも新羅から渡ってきた、とみなす。

『新撰姓氏録』によると、「功智王と弓月王が百廿七県の百姓を率いて帰化し、種々の宝物を献じたので、応神天皇が大和の朝津間《あさづま》の腋上《わきがみ》の地を賜いて居らしめた」という。

「大和の朝津間の腋上の地」は、葛城地方、今の奈良県御所市域だったことは間違いない。御所市にはいまも大字朝妻がある。金剛山東麓。書紀の仁徳天皇紀にある歌の「朝嬬《づま》の避介《ひか》の小坂」や天武天皇九年条にある「朝嬬に幸す」などもこの地のことといわれる。

葛城の「朝津間の地」（御所市朝妻）

朝妻には白鳳時代の古代寺院跡がある。いまは完全な廃寺だが、古瓦や礎石が出土。井戸跡からは白鳳期の磚仏《せんぶつ》なども出土している。

葛城襲津彦はまた神功皇后紀によると、皇太后（神功皇后）の命で新羅に行き、草羅城《さわらのさし》を攻め落とし、多数の現地人を連れ帰った。この時渡来した人々は、「桑原、佐糜《さび》、高宮、忍海《おしぬみ》の四つの邑の漢人らの始祖である」とされる。

　四つの邑とも葛城地方に比定する考え方が有力。このうち佐糜については御所市南端の東佐味、西佐味を、忍海については葛城市の忍海を比定する向きが多い。桑原、高宮については複数の比定地があるが、橿原考古学研究所の坂靖氏は、「高殿《たかどの》」、「祭殿」など王の政治を行った場、水のまつりの祭祀場、王を支えた各種工房などがそろい「葛城の王都」といえる南郷遺跡群を四邑の一つ、高宮とみる。

　『新撰姓氏録』によると、仁徳天皇の時代に弓月君の子の真徳王、その弟の普洞王が「波陀」の姓を賜った、とある。これ以来、ハタ＝秦を名乗るようになった、と伝える。

茨田堤

淀川の洪水から河内平野を守るために造られたと伝承する「茨田堤《まんだのつつみ》」も、新羅からの渡来人や秦氏との関係が強い、と伝える。

仁徳天皇紀に次のような記事がある。

> 冬十月、宮の北の郊原を掘って南の水を引き、西の海に流した。その水を名付けて堀江《ほりえ》といった。また、北の河の澇《こみ》を防ぐために茨田堤《まむたのつつみ》を築いた。
>
> 〈巻第十一・仁徳天皇〉

仁徳天皇の宮は難波高津《なにわのたかつ》宮だった。大阪城

南側の難波宮跡（大阪市中央区の馬場町、法円坂町一帯）付近にあったとみられる。そして、宮の北に掘った堀江は、いまの大川（天満川＝旧淀川本流）のことではないかと推定されている。

大川はいま、淀川から分流してうねりながら南流、大阪城の北西をかすめて西に流れ、堂島川と土佐堀川になって大阪市役所などがある中之島の中洲をつくる。

大阪城もそうだが難波宮跡は、北に細長く突き出た上町台地の先端に位置する。その上町台地の東側一帯は、本来は河内潟と呼ばれる入江で、淀川と大和川が注ぎ込んでいた。堆積土砂で徐々に狭まり、弥生時代には淡水化し河内湖となり、さらに陸化が進んだと考えられている。古墳時代ころは、沼沢地や湿原が広がり、排水さえよくすれば広大な水田開発が可能な状態だったらしい。

掘削された「堀江」は、洪水を防ぐとともに湿地を水田化するための海への排水路だったと考えられる。つまり、この記事は未開の湿地が広がっていた河内平野の古代の治水と水田開発を伝えるものではなかろうか。

茨田堤は、淀川の流れを制御するために造られた堤防だったと考えられる。大阪府門真市宮野町にある堤野神社背後の高まりが、現在に残る稀少な茨田堤の一部とされ、国の史跡にも指定されている。

『日本書紀』は、茨田堤築造時のこととして、次のようなエピソードを載せる。

築いてもすぐに壊れ、塞ぐのが難しいとこ

ろが二カ所あった。天皇の夢に神が現れて言った。

「武蔵《むさし》の人、強頸《こわくび》と河内の人、茨田連《まむたのむらじ》　衫《ころもの》子《こ》をもって河伯《かわのかみ》に捧げ、祭れば必ず塞ぐことができるだろう」。

二人を捜し出し、河の神に捧げようとした。強頸は泣き悲しみながら水に没して死んでいった。堤は完成した。

一方、衫子は匏《ひさご》二個を手に持ち工事現場に行き、水の中に投げ入れ、誓《うけ》いをして言った。

「私を得たいと思われるなら、この匏を沈めて浮かばないようにしていただきたい。そうすれば真の神と知り、水の中に入りましょう。匏を沈めることがおできにならなければ、おのずと偽《にせ》の神であることが分かります」。

この時、飄風《つむじかぜ》が急に起き、水に沈めようとした。しかし、匏は浪の上を転がり、沈

茨田堤跡（大阪府門真市宮野町）

まず、遠くへ流されてしまった。これによって衫子は死を免れた。堤は完成した。
時の人は、二カ所を強頸断間《たえま》、衫子断間と名付けた。

〈巻第十一・仁徳天皇〉

『日本書紀』には、新羅人を茨田堤の築造に使役したと書いている。『古事記』には難波堀江と茨田堤の記事があり、秦人を使役したとしている。大陸や半島からの渡来人、特に新羅人と秦氏を治水事業などの大土木工事との強い関係をうかがわせる。

茨田郡《まんたぐん》には、幡多《はた》、佐太、茨田など八郷があった。うち幡多郷には太秦《うづまさ》があった。現在の寝屋川市太秦だ。寝屋川市には秦の地名もある。茨田郡には秦氏族が多くいたことがうかがえ、茨田堤の築造とのからみも推察できる。

山城・葛野の秦氏

秦氏はある時期、大和葛城地方から山背葛野《やましろのかどの》へ移遷した、本拠地を移した、とみられている。葛野では、葛野川（桂川）に葛野大堰を築き、大雨のたびに桂川の洪水で水浸しになっていた山城盆地の治水・灌漑に成功し、付近一帯に穀倉地帯に変えた、という。

『古代氏族の研究』シリーズの発刊を続ける宝賀寿男氏は、シリーズ⑪の「秦氏・漢氏」で、河内の秦氏の多くも山城に移遷したと説く。山城に遷った一族は「秦下」と号し大いに栄えた。河内に残った「秦上」の本宗が秦宿祢に。山城へ遷った「秦下」の本宗が太秦《うずまさ》

葛野川（桂川）＝京都・嵐山付近＝

公宿祢だったという。

五世紀後半ごろになると、嵯峨野丘陵に古墳が突然出現する。酒公の墓かとされる段ノ山古墳（全長七五メートル）の前方後円墳、消滅）、清水山古墳（全長六〇メートル）、垂箕山《たるみやま》古墳（全長七五メートル）などが続き、石室が露出した蛇塚古墳（全長七五メートル）へと続く。太秦面影町にある蛇塚古墳の被葬者は秦河勝《はたのかわかつ》と

蛇塚古墳（京都市右京区太秦面影町）

の見方が強い。

秦氏の中でも一番の著名人といえる秦河勝は、葛野郡の嵯峨野太秦《うずまさ》に居た。太秦寺（広隆寺）を建立したことでも知られる。推古十一年（六〇三）、聖徳太子から弥勒菩薩《みろくぼさつ》半跏思惟《はんかしゆい》像を賜ったと伝える。いまも広隆寺に残り、「国宝第一号」として人気を集める弥勒菩薩のこととされる。

太秦寺（広隆寺）＝京都市右京区太秦＝

書紀の雄略天皇十五年条に、全国に分散していた秦氏の民たちを秦造酒《はたのみやつこのさけ》（秦酒公）のもとに再結集させた、という記事がある。感激した秦酒公はたくさんの絹織物を朝廷に貢納、山のように積み上げた。これにより「兎豆麻佐《うづまさ》」（太秦）の姓を賜った、と続ける。
秦氏と絹織物の関係は深い。太秦の広隆寺近くの木島《このしま》神社境内には養蚕《こかい》神社（蚕ノ社）がある。現在に伝わる西陣織も本来は秦氏と関係したものか。

五世紀後半ごろ、山背国紀伊郡深草里（京都市伏見区深草）に秦大津父《はたのおおつち》という者がいたという。商売に長じ、欽明天皇に寵愛され、大蔵省の管理者に任じられたという。また、深草あたりには、奈良時代初めごろ、大津父の玄孫にあたる秦伊呂具《いろぐ》という人がいて、伏見稲荷大社を創祀したと伝える。深草の里は秦氏にとってもう一つの拠点だったようだ。

伏見稲荷大社（京都市伏見区深草薮之内町）

　稲荷神は、本来は稲など五穀の食料を司る豊受大神と同じで、日本列島に稲作をもたらした海神族の女神だった、と宝賀氏は説く（『古代氏族の研究⑪秦氏・漢氏』）

　秦氏が祭祀した神社には、ほかに太秦蜂岡町の大酒神社、京都西京区嵐山宮町の松尾大社、松尾大社の摂社の月読神社などもある。

　大和には、田原本町秦ノ庄に秦楽寺《じんらくじ》という寺がある。秦河勝が聖徳太子から賜った観音像をまつるために大化三年（六四七）に建

秦楽寺（奈良県田原本町秦庄）

立した、と伝える。いまは小さな本堂を残すのみだが、本来は二キロ四方以上に及ぶ大寺だったいう。付近は、大和における秦氏の拠点だったのだろう。

境内には笠縫《かさぬい》神社があり、崇神天皇の時代に、天照大神を、互いに神威を遠慮された倭《やまとの》大国魂《おおくにたま》神と切り離し一時的に祭祀したと伝える笠縫邑の一つの伝承地である。ちょうど東五キロ程の三輪山麓にも笠縫邑伝承地（桜井市茅原の桧原神社付近）がある。どちらが正しいか、というようなことは置くとして、天照大神の笠縫邑と秦氏との間にどんなつながりがあるのか、考えさせられる遺跡である。

長岡京・平安京と秦氏

桓武天皇は、延暦三年（七八四）に、平城京から長岡京への遷都を実行した。長岡京は、山城盆地の北詰の位置、桂川とその支流の小畑川が京内を貫いていた。桓武天皇は、「朕《われ》、水陸の便あるを以て、都をこの邑に移す」（『続日本紀』延暦六年）と長岡京遷都の理由を述べている。ただ、水陸交通の便の良いところは他にも多くあり、それだけではなかったのではないか、と考える研究者が多い。長岡京をわずか十年で捨て、平安京遷都を余儀なくされたのは、ほかならずその水のせい、桂川と小畑川の洪水のせいだったとの見方が強い。

　桓武天皇の母は、百済王族の渡来人の血を引く和《やまあと》氏出身の高野新笠《たかののにいがさ》だった。

㊤長岡宮跡と㊦宮跡内に設けられた案内表示
（京都府向日市）

和乙継《やまとのおとつぐ》と山城国乙訓郡を居住地としてい土師《はじ》氏の土師真妹《はじのまいも》との間に生まれたのが新笠、乙訓郡で養育されたと考えていい。桓武天皇も乙訓郡で幼少期を過ごした可能性がある。長岡京遷都の背景には幼少期を過ごした思い出の地を選地する、という事情もあったのではなかろうか。

そこはまた、秦氏の本拠地でもあった。秦氏は長岡京遷都に私財を投入するなど深く関わったとみられている。『続日本紀』によると、延暦三年（七八四）、秦足長《たりなが》という人物が「宮城を築いた」功で正八位下から従五位上に一基に十一階級、特別昇進している。翌年には太秦見宅守が七階級特進されている。井上満郎氏は、「私財の提供以外には考えられない」とみる〈『桓武天皇』（ミネルヴァ書房）〉。

「千年の都」平安京への遷都も桓武天皇が断行した。長岡京を十年で捨て、延暦十三年

平安神宮。明治 28 年（695）、平安遷都 1100 年を記念して、平安京の朝堂院、大極殿、応天門などを模して復元した。桓武天皇を祀る（京都市左京区岡崎四天王町）

（七九四）、同じ山城盆地内の葛野の地に遷った。

葛野の地は秦氏の本拠地。平安京大内裏は、秦河勝の邸宅のあったところと伝える。（『拾芥抄』）。「左近の桜、右近の橘」は河勝の邸宅にあったものをそのまま活用した、という伝えもある。

井上満郎氏は、「この記載が正しければ、秦氏が平安京の地を、桓武天皇の構想にかかる遷都の地に提供したのである。桓武天皇と渡来人との密接な関係があってはじめて平安京はそこに営まれたということになる」と〈『桓武天皇』（ミネルヴァ書房）〉で述べている。

王仁《わに》――西文《かわちのふみ（あや）》氏

書首《ふみのおびと》らの始祖

『日本書紀』応神天皇十五年条に次のような記事がある。

秋八月に百済の王が阿直岐《あちき》を遣わして良馬二匹を贈ってきた。阿直岐に、軽坂上《からさかのうえ》の厩《うまや》で飼わせた。阿直岐はよく経典を読んだので、菟道稚郎子《うじのいらつこ》の師とした。天皇は阿直岐に問うた。

「おまえよりすぐれた博士がいるのか」

「王仁《わに》という者がいます」

と答えた。そこで、上毛野君《かみつけのきみ》の祖である荒《あら》田別《たわけ》と巫別《かむなきわけ》を百済に遣わして王仁を召喚した。阿直岐は阿直岐史《あちきのふひと》の始祖である。

十六年の春二月に、王仁が来帰した。太子の菟道稚郎子は王仁を師とした。王仁は書首《ふみのおびと》らの始祖である。

〈巻第十・応神天皇〉

王仁は百済からやってきた、とする。学問に優れ、皇太子の教授を務めた学者だった。百済から論語と千字文を将来したともいう。学問、読み書き、計算などに通じていたとされる書首《ふみのおびと》の祖とする。

河内国の交野郡、今の枚方市藤阪、津田あ

たりに、王仁墓と称するものがある。

『大阪における朝鮮文化』（松籟社）を著した段熙麟《だんきりん》氏によると、「王仁の墓」は三基あり、うち二基は東の方にあって一基には「博士王仁の墓」の石碑があり、朝鮮式のりっぱな門が整備されている。少し西に離れて、一基ある。「博士王仁墳」の石碑がある、という。

ただ、陸奥国（東北地方）で生け捕りにし、藤阪で処刑した蝦夷の墓が「鬼の墓」と呼ばれていたのが、いつしか「わに（王仁）の墓」と呼ばれるようになったという、伝承もある。反対に「わに（王仁）の墓」が「鬼の墓」になったという伝承もあるという。

この藤阪の王仁墓は、王仁の墓であるという確かな文献記録や遺跡があるわけではないのだが、森浩一氏は「丘陵の背後を越すと南山城の地（京都府）」であることに注目した。それは、王仁は菟道稚郎子《うじのわきいらつこ》の学問の師であった、とする書紀の記述による。森氏は、「枚方と宇治は、直線距離で十八キロほどのところにあり、ともに淀川水系でつながっている」（『記紀の考古学』）と山城南部と北河内とのつながりを推測した。

王仁の墓伝承地（大阪府枚方市）

月夜の赤馬

王仁の後裔の西文《かわちのあや（ふみ）》氏は同地にある現在の羽曳野市古市あたりに繁衍した。西琳寺

西琳寺（大阪府羽曳野市古市）

は、王仁の子孫である文首阿志高《ふみのおびとのあしこ》と支弥高《きみこ》の父子が建立したと伝える。かつては大伽藍を誇り、毘盧遮那仏《びろしゃな》をまつる河内地方最古の名刹とされる。

書紀の雄略天皇九年条に次のような記事がある。

秋七月壬辰《みずのえたつ》辰の朔の河内国より言上があった。

飛鳥戸郡の人である田辺史伯孫の娘が古市郡の人である書首加竜《ふみのおびとかりゅう》の妻となった。伯孫は娘がお産したと聞いて、加竜の家へお祝いに行った。

帰途は月夜だった。誉田《こんだ》陵（応神天皇陵）のもとで、赤馬に乗った人に出会った。その馬は、蛇のようにうねり、龍のように首をもたげた。

伯孫はその馬が欲しくなった。自分の乗っていた葦毛の馬に鞭《むち》打って轡《くつわ》を並べ

た。急に走り去ったので追いかけたが、追いつけなかった。赤い馬に乗っていた人は、伯孫の願いを知って、馬を交換し、別れことばを述べて去っていった。

伯孫は速く走る馬を得て大いに喜び、家に帰って、鞍をおろし、秣《まぐさ》を与え、眠った。

翌朝、目が覚めると赤馬は土馬《はにま》（埴輪の馬）に変わっていた。急いで誉田陵に行き、捜してみたら葦毛の馬が土馬の中に居た。

〈巻第十・雄略天皇〉

まるで神話である。しかし、雄略天皇の頃に、乗馬の風習がかなり広がっていたことを示唆する。また、エピソードの登場人物は、百済から渡来した田辺氏の伯孫であり、書首加竜も百済から渡来した王仁の子孫であった。乗馬の風習は渡来人によってもたらされたことをうかがわせる。

段氏によると、奈良時代、朝廷の馬飼部の戸数が河内国に百五十九戸もあり、全国の三分の二を占めていたという。河内が馬の上陸地だったということだろうか。また、そのことは王仁の後裔である武生氏が、もとは馬史《ふひと》氏、あるいは馬首《おびと》と呼ばれたこと、王仁の子孫である文忌寸祢磨《ふみのいみきのねまろ》の子が「馬養」と名付けられたことなどによっても理解できる、という〈『大阪における朝鮮文化』（松籟社）〉。

高志、高師、高石

和泉の高師浜に延喜式の古社、高石神社がある。『和泉名所図絵』には、「高志の祖、王仁を祭る」とされ、このあたりに多くいた河《かわ》

高石神社（大阪府高石市高師浜）

内文《ちのあや（ふみ）》氏が、祖とする王仁を祭祀としたようだ。

段熙麟氏の『大阪における朝鮮文化』によると、姓氏録の「和泉国諸蕃」に、「古志蓮《こしのむらじ》は文宿祢《ふみのすくね》と同祖で、王仁の後なり」とある。「高志」と「古志」とは同じ、後世に「高師」となり、高師浜などの名称が生まれたらしい。さらに高石神社の「高石」が一般的になり、現在の高石市の市名にもなったようだ。

万葉の古歌には、「音にきく高石《たかし》のあざ波は　かなしや袖のぬれもこそすれ」と「袖の上に松ふく風のあだ波の　高師の浜の名をや立つらん」がある。「高石」と「高師」の両方の用字を用いている。さすがに、文字博士、文書博士の子孫たちである。

行基菩薩

行基菩薩は高志氏の出である。堺市家原寺町にある家原寺は僧行基の生家だったとされる。

家原寺（堺市西区）

行基は奈良・薬師寺の沙門だった。十五歳で出家して仏門に入り、新羅僧の恵基法師に師事して唯識論を学び、全国を行脚して橋を架け堤防を造り、道や港を設け、井戸や池溝を掘って社会事業に尽くしたと伝える。東大寺建立にあたっては、全国を巡り浄財を集めたことにより、聖武天皇から大僧正の僧位を賜ったという。

行基の創建した寺院は四十九院に上るといわれる。和泉には、堺市中区の蜂田寺、堺市高倉台の高倉（高蔵）寺、堺市土塔町にある大野寺、貝塚市水間の水間寺、貝塚市木積の木積観音などとされる。

うち、高倉寺は、法号を大須恵（陶）山といい、聖武天皇の勅願寺で、七堂伽藍に四十九坊を数える大寺院だった。

大野寺は、土塔がよく知られる。一辺六十メートル、高さ九メートルで、土で造った、漢語では「卒塔婆」、サンスクリット語で「ストァーパ」、仏陀の髪や遺物を納めるための仏塔である。いまはないが、土の山の頂部に埴輪状のものがあったらしい。

大野寺土塔（堺市土塔町）

昆陽寺（兵庫県伊丹市寺本）

同じような土塔は、東大寺と新薬師寺のものとされる、奈良市高畑町の市街地の中にある頭塔《ずとう》、岡山県赤磐市にある三段築成の構造物ぐらいしか数例がない。

水間寺は、本堂に水間観音像を安置、多くの参詣者でにぎわう。

河内地方では、枚方市楠葉中之芝の久修園院、守口市馬場町の高瀬院、大阪狭山市の狭山池院などがあった。

摂津では、行基建立四十九院のうち、船息院、船息尼院、楊津院、昆陽施院があったと伝える。うち昆陽施院跡は伊丹市寺本の昆陽《こや》寺付近とみられている。同寺には行基堂や行基の墓塔などが残っている。行基は、兵庫県尼崎市、伊丹市など猪名川流域でも活躍したらしい。

大和では、大仏建立の勧進に力を注いだことから、東大寺には行基堂が大仏殿を見下ろす鐘楼（大鐘）のかたわらにひっそりと建つ。

行基は、天平二十一年（七四九）、奈良市菅原町の菅原寺（喜光寺）で亡くなった。八十一歳だった。入寂の地、菅原寺は薬師寺の子院で、本堂は、行基が大仏殿造営に試みて造営した、と伝え「試みの大仏殿」として有名。遺言によって生駒山東山麓で火葬、生駒市有里町の竹林寺の奥院だった住生院に自画像を安置した、と伝える。

鎌倉時代の文暦二年（一二三五）、竹林寺境内の行基墓が発掘され、行基の舎利瓶が発見された。八角石塔の中に銘文がある銀筒があり、銀筒の中に行基の骨を入れたとみられる銀製舎利瓶が納められていた。舎利瓶には「和上譚法行、一号行基、薬師寺沙門也、本出於百済王子王爾之後也……」と書かれていた。「和上の法譚（法名）は法行といい、一に行基と号す。薬師寺の沙門（僧）なり。もと百済王子和爾（王仁）の後なり……」ということである。

菅原寺本堂。「試みの大仏殿」とされる
（奈良市菅原町）

行基墓（生駒市有里町の竹林寺境内）

　竹林寺はこの舎利瓶の出土後、行基信仰のメッカとして栄え、境内は四町四方に及んでいたと伝える。しかし、江戸時代から衰微し、堂塔も失われ松林と化した。

木津川に架かる泉大橋（京都府木津川市）

　奈良市中町の霊山寺《りょうせんじ》の開基も行基と伝える。行基四十九院の「降福寺」とする説もある。山城（京都府南部）にも木津川に架けられた泉大橋たもとに泉橋院があった。いま、木津川市山代町上狛西下にある泉橋寺である。泉大橋付近は、木津川を利用して運ばれてきた、藤原京、平城京、奈良の社寺などの建築用材を荷揚げをした場所で、奈良坂越えで大和に運ばれた。

阿知使主《あちのおみ》―東漢《やまとのあや》・坂上氏《さかのうえ》

『日本書紀』の応神天皇二十年の秋九月の条に次のような記事がある。

> 倭漢直《やまとのあやあたい》の祖である阿知使主《あちのおみ》とその子の都加使主《つかのおみ》が、党類十七県を率いて来帰した。
>
> 〈巻第十・応神天皇〉

応神紀三十七年条には、阿知使主と都加使主を呉《くれ》に遣わして、縫工女《きぬぬいめ》求めさせた、という記事がある。

高麗国から呉に至ろうとした。高麗に至ったが、呉への道が分からなかったので、高麗に道案内を要請した。高麗の王は、久礼波《くれは》、久礼志《くれし》の二人を道案内に付き添わせた。これによって呉に至ることができた。呉の王は、王女《ぬりめ》の兄媛《えひめ》、弟媛《おとひめ》、呉織《くれはとり》、穴織《あなはとり》の四人の婦女を与えた。

阿知使主らは、応神天皇四十一年春二月に呉より筑紫に帰ってきた。胸形大神が工女らをお望みになったので、兄媛を胸形大神に献上した。

阿知使主は残りの三人の婦女を連れて武庫まで帰った時に天皇が亡くなり、間に合わなかった。そこで仁徳天皇に献上した。子孫は呉衣縫《くれきぬぬい》、蚊屋衣縫《かやのきぬぬい》である。

〈巻第十・応神天皇〉

桧隅の里

東漢氏は、飛鳥の桧隅《ひのくま》（前）の里を拠点とした。

桧隈の里は明日香村南部一帯をいう。天《てん》武《む》・持統《じとう》陵の桧隈大内陵《ひのくまおおうち》（明日香村野口）、壁画で名高い高松塚古墳（特別史跡＝同村上平田）とキトラ古墳（岡村阿部山）、八角形墳の中尾山古墳（史跡＝同村上平田）など、飛鳥時代を代表する古墳が集中する地域として知られる。

『日本書紀』によると、雄略天皇十二年、桧隈博徳《ひのくまはかとこ》と身狭村主青《むさのすぐりあお》を呉《くれ》の国に遣わした。二年後の十四年、手末《たなすえ》の才伎《てひと》、漢織《あやはとり》、呉織《くれはとり》、衣縫《きぬぬい》の兄媛《えひめ》・弟媛《おとひめ》らを連れて、呉国の使者とともに帰国した。やってきた呉人らを「桧隈野」に住まわせ、その地を呉原《くれはら》と名づけた――と書いている。

織物に関係する技術者の渡来のことは、先に書いた応神天皇三十七年条の記事にも出てくる。二つの記事はよく似た内容なので重複とも考えられる。また、呉国を中国の呉国（春秋時代の呉は前六～五世紀、三国時代の呉は三世紀）とするには時代がずれることから、呉は高句《こうく》麗《り》の「句麗」のことだとの見方もある。

しかし、いずれにしても、五世紀ごろ、大陸あるいは半島から、後に「呉服」と呼ばれることになる織物関係の技術をもった人々が多く渡来し、桧隅野など飛鳥地域に定住した事実を伝えるものとみていい。

阿知使主と都加使主父子を祖とする東漢氏は、渡来系氏族の代表格だった。

冒頭に書いたように、応神天皇二十年に「党類十七県の人々」を率いて渡来してきた、とされている。どこからとは書いていないが、一族郎党を引き連れて大挙、渡来してきたものと考えられる。

㊤桧隈寺跡にある於美阿志神社。阿知使主を祀る
㊦桧隈寺跡に建つ十三重石塔（いずれも明日香村檜前）

明日香村桧前《ひのくま》には東漢氏の氏寺だった桧隈《ひのくま》寺跡があり、阿知使主《あちのおみ》を祭神とする於美阿志《おみあし》神社がある。平安時代末の建立とされる十三重石

塔（重文）が、「渡来人の寺」の象徴としていまに残る。「於美阿志」は「使主《おみ》阿知《あち》」が転じたものといわれる。

桧隈寺跡は、いまは廃寺だが、奈良文化財研究所による発掘調査で、西に門、北に講堂、南に金堂を配し、それぞれを回廊でつないで真ん中の塔を囲む、類例のない奇異な伽藍配置だったことが明らかになっている。また、講堂の基壇は、瓦を積んで周囲を化粧する珍しいものだったことも分かった。七世紀後半の建立らしい。

隣接して栗原の集落がある。呉人たちを住まわせたという「呉原」のことか。ムラの真ん中に呉津彦神社がある。栗原地区は、書記に出てくる「呉原」の地と考えざるを得ない。

東漢氏の一族、平田氏の氏寺だったらしい定林《ていりん》寺の跡（史跡）も、北東一キロあまりの同村立部にある。

呉津彦神社（明日香村栗原）

『姓氏録』逸文では、雄略天皇七年に東漢直（都賀使主）をして、新漢陶部高貴、鞍作《くらつくり》堅貴、画部《えかき》因斯羅我、綿郡《にしきみり》安定那錦、譚語《おさ》卯安那などを高市郡の上桃原、下桃原、真神原のに遷居させた、と書く。

上桃原、下桃原はよく分からないが、真神原は、飛鳥寺や飛鳥京が営まれた明日香盆地のど真ん中だった。渡来人たちは、桧隅地方だけでなく飛鳥の中心地に早くから住み着いていたことが分かる。

新しく渡来した人々を指して「いまきのあやひと」や「いまきのてひと」という呼び方があった。高市郡、いまの橿原市、明日香村、高取町あたりは、かつて今来郡と呼ばれた。

奈良時代末の七七二年、最初の征夷大将軍として名高い坂上田村麻呂《さかのうえのたむらまろ》の父、坂《さかの》上苅田麻呂《うえかりたまろ》が「高市郡内には他姓の者は十にして一、二なり」と言上したという記事が『続日本紀《しょくにほんき》』にみえる。高市郡の人口は、八、九割までが東漢氏系の渡来人で占められていた、というわけだ。

東漢氏や坂上氏は、その高市郡のど真ん中、桧隈の里を拠点とし、ハイテク集団を統率し、中央政界でも重要な立場を占めた。七世紀史の中心舞台となる「飛鳥」は、東漢氏を中心とする渡来人らによって切り開かれたのだった。

桧隅の範囲

桧隅地域は広かった。同村野口には天武《てんむ》・持統《じとう》天皇の桧隈大内《ひのくまおおうち》陵があり、同村下平田には欽明《きんめい》天皇の桧隈坂合《ひのくまさかあい》陵がある。さらに橿原市の見瀬町、大軽町、五条野町に横たわる丸山古墳こそ本当の桧隈坂合陵とする説もあり、橿原市域も含めたかなり広い地域が桧隈の範囲だった可能性がいわれてきた。

高市郡高取町の薩摩《さつま》遺跡から二〇〇八年度の第八次調査で出土した木簡に、「檜《ひの》（桧）前主寸《くますぐり》」の名前があった。奈良時代末から平安時代初めごろに築造されたとみられる灌漑用ため池を作った人物名とみられている。

薩摩遺跡で出土したため池の木樋

木簡は、ため池が完工した際にとり行われた何らかの祭典で用いられた木札らしい。「完成したこの池は、波多の里を治める檜前主寸（村主）が造ったものである」ということを神に報告する内容とみられた。

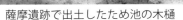

「波多」は、ため池があったあたりの古地名らしい。「畑ノ庄」という小字名がいまに残る同町市尾あたりが「波多」の中心部と考えられる。

『日本書紀』によると、推古十九年の五月五日、菟田野《うだの》で薬猟《くすりかり》を催した。いまの宇陀市あたりで行われた最初の薬猟の記述としてよく知られるところだが、翌二十年の五月五日には、羽田に集まって薬猟を催したと伝える。人々は列をなして天皇のもとに集まった、と伝える。この羽田は、木簡に見えた「波多」と同じ高取町付近の地名を指すものと考えられている。

　ところで、高取町はいまも「くすりの町」として知られる。江戸時代以降、越中・富山のくすりとともに全国津々浦々に普及した「大和売薬（家庭配置薬）」の拠点だった。

　木簡の人物、檜前主寸は、渡来系氏族、東漢《やまとのあや》氏の一族の桧前《ひのくま》氏の一人だったとみられる。拠点の「ひのくま」を名乗るほどだから、それなりの氏族だったのだろう。

　古代の桧隈《ひのくま》（桧前）の範囲は、いまの明日香村桧前《ひのくま》地区に限定されるような狭いものではなかったようだ。薩摩遺跡出土の木簡は、桧前氏の広がりとともに、桧隈地域の範囲が高取町域にも及んでいたことを改めて示唆することになった。

　高取町教委が二〇〇八年度に実施した薩摩遺跡の発掘調査では、半島渡来の大壁《おおかべ》建物（壁面全部が土壁の建造物）遺構が五棟も出土した。同様の大壁建物遺構の発見が相次いでおり、出土数は三〇棟を超え

高取町教委が制作した大壁建物の復元模型

る。中には、オンドル施設を伴った遺構も発掘されており、同町付近には、多くの半島からの渡来人が住み着いたことをうかがわせる。

「桧隈」の「隈」は「すみ」。『広辞苑』によると「奥まって隠れた所」「物陰になって暗い所」「かげ」「かたすみ」。疲れた時に目の周囲につくるのもクマである。

「ひのくま」は「日前」とも書く。日の出の時、日（太陽）の手前に山があれば日のかげ＝クマになる。日が昇るのは東だから、山の西側は日かげ、日のクマ＝「日前」だったのではなかろうか。

明日香村西南部や高取町は、竜門山塊のちょうど西にあたる。「日前」は、本来、竜門山塊の西側一帯を指した呼称ではなかったかと思う。

ちなみに、竜門山塊の東側の宇陀は「ひむがし」だった。かの柿本人麻呂は、安騎野の夜明けを「東《ひむがし》の野にかぎろひの立つ見えてかへり見すれば月傾きぬ」と詠んだが、「ひむがしの野」は「日向の野」ではなかっただろうか。

山をはさんで東は「日向」、西は「日前」。九州で、阿蘇山をはさんで東が日向《ひゅうが》、西が球《く》磨《ま》（熊本）だったのも同じ意味あいからではなかったか。

東漢氏三腹

『姓氏録』逸文によると、阿知使主に「七姓の漢人」が随行した。『古代氏の研究⑪秦氏・漢氏』（青垣出版）を著した宝賀寿男氏によると、七姓は曹、季、郭、朱、多、卓、高の七姓という。

うち、曹姓後裔の代表格は高向村主。一族の高向漢人玄理《くろまろ》は遣隋使の小野妹子に従って中国に留学し、三十二年後に帰国して大化改新を進める朝廷で僧旻《みん》とともに政務に尽くしたことで知られる。

季姓は、新羅・慶州あたりから渡来してきた。一族からは季氏朝鮮王家が出た、という。

卓姓は、阿知使主に随従してきた韓鍛冶卓《からかぬちたく》素《そ》の後裔、長く刀鍛冶の技術を伝承し、大和の剣工天蓋《てがい》（手掻）氏や保昌氏、筑後（福岡県）御井郡の剣工、三池氏などを出した。

雄略天皇没後に起きた星川皇子の反乱事件で鎮圧に活躍した東漢掬《つか》に三子があった。その三子の山本直、志努直、爾波伎直《にわき》が、兄腹、中腹、弟腹という「東漢氏三腹」の祖になったとされる。また、その後裔は六十三氏に上った。

推古紀に次のような記事がある。

推古天皇二十八年冬十月に、砂礫《さざれ》を桧隅陵の上に葺いた。また陵域のまわりに土を山盛りにし、氏ごとに割り当てて大きな柱をその土盛りの上に建てさせた。

倭漢坂上直《やまとのあやのさかのうえのあたい》の建てた柱がほかよりはるかに高かったので、人々は坂上直のことを大柱直《おおはしらのあたい》と名付けた。

〈巻第二十二・推古天皇〉

この坂上氏がやがて、東漢一族の宗家的立場に立つ。宝賀氏は、当初は、三腹のうち兄腹の民直、次いで弟腹の文直、最終的に中腹の坂上直が主導的立場に立つようになったとみる。（『古代氏族の研究⑪　秦氏・漢氏』）

軍事・政治面でも活躍

東漢氏は、先進的な技能・技術を買われ、権力者の葛城氏、大伴氏、蘇我氏に仕え、重用された。

宝賀氏によると、奈良時代の「学令」には、「凡そ大学の学生には、五位以上の子孫、及び東西の史郡の子を取れ」とある。東西の史郡とは、主に東漢氏、西文氏の一族のことである、と著書『秦氏・漢氏』で述べている。漢氏は、『古事記』履中段に「阿智直始めて蔵官に任じ……」と記されて以来、多くの内蔵官史を輩出したという。いまの財務官僚や内務官僚を多く出したというのである。

例えば、土木分野では、桧隅陵に大柱を建てたことが伝えられるほか、舒明十一年（六三九）には、書直県《ふみのあたいあがた》（倭漢書直《やまとのあやのふみのあたい》）が百済寺と百済大寺の造営に大匠《おおたくみ》として任命されたことなどが書記にも記録される。和銅元年には、坂上忌寸忍熊が造平城京司大匠に任じられた。土木・建築部門での活躍がしのばれる。

東漢氏は、政権の中枢に居た蘇我氏に隷従したことから、政治の動乱に巻き込まれることも多かった。

崇峻天皇五年（五九二）、東漢直駒《やまとのあやのあたいこま》が、前代未聞の天皇弑逆《しいぎゃく》事件の主犯になる。蘇我馬子の指示で天皇を暗殺したらしい。ただ事件の後に、駒は、馬子の娘で崇峻天皇の嬪だった河上娘《かわかみのいらつめ》を奪って妻としたことが露見して、馬子に殺されたと伝える。蘇我氏の思うままに利用されたということだろう。

東漢氏は軍事面でも相当の力をもっていたらしい。皇極天皇三年（六〇四）には、蘇我蝦夷・入鹿父子は甘樫丘に並んで邸宅を造り、蝦夷の家を宮門《みかど》（上の宮門）、入鹿の家を谷門《はさま》（谷の宮門）といった。この家には、城柵を設けるなどして守りを固め、東漢氏が、常に警備したと伝える。

甘樫丘東麓遺跡で出土した柱列遺構。蘇我氏の邸宅の城棚跡だったとみられる（明日香村）

翌年の乙巳《いっし》の変では入鹿が討たれた後、東漢一族は族党らを動員して蘇我蝦夷を守るため軍陣を張ったが、一族の高向臣国押《たかむくのおみくにおし》が「われわれは死刑にされるだろう。大臣さまもきっと殺される。むだな戦をし、みんな処刑されるのはばかばかしい」と説得、剣をはずし、弓を放り出して去った。これを見た東漢氏の一族もちりぢりに逃走した、と書紀は伝える。

壬申の乱（六七二）では、東漢一族は大海人皇子の側で活躍した。乱後の天武天皇六年

（六七七）六月、天武天皇は東漢直らを詔して「お前たちの族党はいままで、七つの悪逆を犯してきた。陰謀はいつもおまえたちをあやつることで行われた。お前たちの悪逆を罪に処そうと思う。しかし、漢直の氏を絶やしたくない。大恩を下し、その罪を許す」と述べた、という。

宝賀氏は、『古代氏族の研究⑪　秦氏・漢氏』で、「東漢氏一族の利用価値・力量は、天皇も無視できず、協力させて利用する方向が示された」と解釈する。壬申の乱での活躍も大きかったのだろう。

最初の征夷大将軍

奈良時代、坂上忌寸犬養は聖武天皇に武才が認められ、寵愛を受け、造東大寺長官、播磨守、大和守などを歴任した。

その犬養の息子が坂上苅田麻呂。やはり武人として活躍、恵美押勝の乱の鎮圧に功があり、道鏡排斥にも活躍した。「高市郡内には他姓の者は十にして一、二なり」と上表して飛鳥における坂上氏の繁栄を誇ったことでも知られる。

坂上田村麻呂はその苅田麻呂の息子。最初の征夷大将軍として名高い。平安時代初めに行われた東北の蝦夷征討は、大敗北も混じえ困難を極めたが、延暦十六年（七九七）十一月、田村麻呂が征夷大将軍に任命され、第三次の征討が開始された。この戦いで、蝦夷最強の首長だった阿弖流夷《あてるい》を降服させ、捕虜として京の都へ連れ帰った。

阿弖流夷の処分問題への対応は意見が割

れ、田村麻呂は二人の助命を必死に嘆願したが、「河内国の横山」（大阪府枚方市内か）で処刑された。田村麻呂が創建に関わった清水寺（京都市東山区）には、「北天の雄―阿弖流為（アテルイ）」の石碑が建つ。

田村麻呂は光仁二年（八一一年）、五十四歳で死去した。嵯峨天皇より山城国宇治郡来栖村の水陸田三町を墓地として賜り、死後も「平安京の守護神であれ」との天皇の命で、甲冑、剣など武具を付けて立ったままで葬られたと伝承する。その墓地は、京都市山科区勧修寺栗栖町にある田村麻呂公

㊤田村麻呂ゆかりの清水寺に建つ阿弖流為の石碑
（京都市東山区清水）

㊦坂上田村麻呂墓と伝承する将軍塚
（京都市山科区勧修寺栗栖町）

園の「将軍塚」だと伝える。ただ、金製大刀、革帯の飾石、刀子、鉄鏃など（国宝）が出土した山科区西野山岩ケ谷町の西野山古墳も田村麻呂墓の有力候補とされている。

大阪・平野の坂上氏

東漢氏の繁衍地、拠点は河内（大阪府）にも多い。

　大阪市平野区の西北部一帯は、坂上田村麻呂の蝦夷征討の功によって、その息子、広野磨に賜った荘園〈杭全《くまた》荘〉を営んだところである。平野区を平野宮町の杭全《くまた》神社は、広野磨の子で陸奥守だった当通《まさみち》が祖神を祭るため創建した、と伝える。

　平野本町の長宝寺は、坂上田村麻呂の娘で、桓武天皇の側室として葛井親王、春日内親王を生んだ坂上春子が創建した尼寺。いまに法灯を守り伝えている。

杭全神社（大阪市平野区平野宮町）

平野の坂上氏の後裔としては「平野七名家」が有名。末吉、土橋、井上、辻苑、成安、西村、三上の七家がいまも続いている。七家は、中世の自治都市平野の自治に携わった。末吉孫左衛門は朱印船貿易で功績があり、成安（安井）道頓は大阪ミナミの道頓堀を通した。

長宝寺（平野区平野本町）

伝・坂上広野麿の墓（平野区平野市町）

坂上氏屋敷跡（平野市町）、坂上広野麿の墓（平野市町の田村公園内）、坂上春子の墓（平野泥堂町）などもあって、旧家が軒を連ねる落ち着いた街である平野は坂上氏の繁栄をいまに伝えている。

百済王氏――百済から亡命渡来

斉明女帝の西征

『日本書紀』によると、斉明《さいめい》天皇六年（六六〇）十月、唐、新羅と戦う百済の佐平鬼室福信《きしつふくしん》が、救援軍の派遣と人質として日本にいた余豊璋の送還を求めてきた。

　斉明女帝は、

「百済国は戈《ほこ》を枕にし、胆《い》を嘗《な》める苦労をしつつ、救援を願い出てきた。どうして見捨てることができようか」

と十二月、難波《なにわ》宮に移り、救援軍派遣の準備に着手。翌年の正月、難波津《なにわのつ》から船で、みずから西征に出発した。

　途中、大伯海《おおくのうみ》（岡山県）に至った時、大田皇女が女子を産んだ。伊予（愛媛県）の熟田津《にぎたつ》を経て、三月、娜大津《なのおおつ》（博多港）に到着した。磐瀬行宮《いわせのかりみや》に入り、そこを長津《ながつ》宮と改めた。

〈巻第二十六・斉明天皇〉

　女帝の西征には、中大兄《なかのおおえ》皇子はもちろん、大海人《おおしあま》皇子、中臣鎌足《なかとみのかまたり》ら朝廷の要人の大半が同行したらしい。女性たちも伴った。大田皇女は中大兄皇子の娘で大海人皇子の妃、西征の途上の大伯海で大泊《おおく》皇女を産み、博多滞在中には娜大津《なのおおつ》で大津皇子を産む。大田皇女の妹、鸕野讃良《うののさらら》皇女(のちの持統《じとう》天皇)も同行、博多で草壁《くさかべ》皇子を産んだ。

熟田津《にぎたつ》に船乗りせむと月待てば
潮もかなひぬ今はこぎいでな

額田王《ぬかだのおおきみ》の有名な万葉歌は、西征の途上、伊予の熟田津(松山市付近の港)を出発するときに詠まれた、という。

ともあれ、朝廷がまるごと九州に移動する、それほど大規模な軍事行動だった。

しかしこの時、百済は既に滅亡していた。西征の前年にあたる六六〇年、唐・新羅連合軍の攻撃を受けた。蘇定方《そていほう》の率いる唐軍は水陸十万、金庾信《きんゆうしん》らが率いる新羅軍は五万。酒池肉林の生活に明け暮れていた義慈王の百済はひとたまりもなかった。

扶余《ぷよ》の泗沘《しひ》城は落ちた。官女たちが、

百済滅亡の悲劇を伝える落花巌と白馬江(韓国・扶余)

白馬江《はくばこう》（錦江）の岩壁から次々と身を投げた、という。岩壁は「落花巖」と呼ばれて、いまも百済滅亡の悲話を伝える。降伏した義慈王は、一族や百済人捕虜一万二千人とともに唐の都、長安に連行された。

ただ、高句麗征討に力を傾ける唐の百済進駐軍は手薄だった。このため、滅亡直後から遺臣らによる百済復興の反乱活動が始まった。福信が日本に救援軍派遣と、三〇年にわたり人質として日本に滞在していた王子の余豊璋《よほうしょう》の送還を求めたのは、泗沘城奪回も夢でない状況まで盛り返した時だったといわれる。豊璋を王に立て、一気に百済回復をはかろう、と福信らは考えた。

朝廷は、福信の要求に全面的に応じた。

しかし、斉明女帝はその年のうちに遠征先の九州で亡くなった。『日本書紀』の西征の叙述は異様に暗くて、気味悪い。

博多の長津宮に入った斉明女帝は二カ月後に朝倉《あさくらの》橘《たちばなの》広庭《ひろにわ》宮に移った。福岡県朝倉市とされる。福岡市から東南へ四〇キロ以上も離れている。朝倉社の木を切り払って宮を造ったため、神（雷）が怒って殿舎を破壊した。鬼火が出て多くの人が病死したと伝える。五カ月後の秋七月、天皇自身が亡くなった。「朝倉山の上に鬼が現れ、大笠をつけて、宮を出る喪列を見送った」とも書く。

女帝の亡きがらはいったん磐瀬宮（長津宮）に運ばれ、海路で大和に帰ってきた。

十一月七日、飛鳥の川原で殯を行った。
六年後、天智称制六年の春二月、舒明《じょめい》天皇との間にできた娘で孝徳《こうとく》天皇の皇后だった間人《はしひと》皇女とともに小市岡上《おちのおかのうえ》陵に合葬した。同じ日に、大田皇女を陵の前の墓に葬った、と『日本書紀』は記す。

明日香村越、近鉄飛鳥駅の西約五〇〇メートルの尾根上に牽牛子塚《けんごしづか》古墳と呼ばれる終末期古墳がある。二上山で産出された巨大な凝灰岩《ぎょうかいがん》をくり抜いて造ったくり抜き式石槨《せっかく》が残存している。石槨の内部は幅約五メートル、高さ約三メートル。天井はドーム型、中央部に間仕切りを造って二つの部屋に分け、それぞれの部屋の床面に棺台が設けられている。南側に開口している。

石槨内からは、大正時代と昭和五十二年の調査で、布と漆を何度も塗り重ねて造った最高級の棺とされる夾紵棺《きょうちょかん》の破片、豪華な金銅製八花形座金具、七宝焼《しっぽうやき》の華麗な

牽牛子塚古墳。八角形に取り巻く石敷きが出土して八角形墳であることが明らかになった
（2010年9月、明日香村越）

亀甲形飾金具《きっこうがたかざりかなぐ》、ガラス玉などが出土している。

平成二十二年（二〇一〇）の調査で、八角形墳であることがはっきりした。桜井市にある舒明天皇陵（段ノ塚古墳）、明日香村の天武・持統天皇陵（大内陵）、文武天皇陵の可能性がいわれる中尾山古墳、京都市の天智天皇山科陵（考古学的には必ずしも確認されていない）などにみられる。築造時期は七世紀の後半とされ、立地、石槨の構造、出土品などから、斉明天皇と間人皇女を合葬した小市岡上陵の可能性がますます強まった。（宮内庁治定の斉明陵は高市郡高取町車木に所在）

百済救援軍2万7千

斉明《さいめい》天皇の遺骸《いがい》を九州から大和に移送、飛鳥の川原で殯《もがり》の儀式を務めた中大兄《なかのおおえ》皇子は、すぐに九州に引き返し、百済救援の総指揮をとった。中大兄は称制（即位式をあげずに天皇となること）して、天智《てんじ》天皇となっていた。

天智元年（六六二）五月、鬼室福信《きしつふくしん》から要請されていた余豊璋《よほうしょう》の送還を実行、大将軍阿曇比邏夫《あずみのひらぶ》連が軍船一七〇艘を率いて百済に護送、豊璋を王位に即《つ》けた。

天智二年三月、上毛野君稚子《かみつけののきみわかこ》、阿部引《あへのひけ》田臣《たのおみ》比邏夫《ひらぶ》ら六人の将軍が率いる前軍・中軍・後軍合わせて二万七〇〇〇人を派遣、新羅攻撃を開始した。

六月、百済王・豊璋は、百済復興の中心的役割を担ってきた重臣の福信に謀反の疑いを抱き、処刑してしまった。首を酢漬けにした。

百済の内紛（福信処刑）を知った唐・新羅連合軍はすかさず軍を出し、州柔《つぬ》城を囲んだ。一方、唐の水軍は、百七十艘の軍船を南下させ、白村江《はくすきのえ》に戦列を構えた。

八月二十七日、州柔城救援のために白村江へ向かった日本の軍船は唐の軍船に遭遇、すぐに会戦となった。日本側は

「攻めかかれば相手はおのずと退却するだろう」

と、戦況の観察もせず、船隊を整えないまま突入。左右からはさみ打ちにあい、みるみるうちに敗れた。船のへさきをめぐらして引き戻すこともできなかった。多くの兵が川に落ちて死んだ。

豊璋王は高麗へ逃げ去った。州柔城は陥落、多くの人々が日本に亡命した。

〈巻第二十七・天智天皇〉

白村江は、韓国の忠清南道と全羅北道の境界を流れる錦江の河口付近。日本軍は惨敗だった。「旧唐書」や『三国史記』も「煙と焔《ほのお》が天を覆い、海水が赤く血に染まった」と伝える。

『三国史記』は「倭船千艘」と書く。天智二年に派遣した救援軍二万七〇〇〇人の一部だったのか別部隊だったのかはっきりしないが、いずれにしても日本の救援軍は未曾有の大軍だった。九州や西国を中心に

全国から動員した。国をあげて戦った古代東アジア大戦に日本は敗れた。昭和二十年（一九四五）の敗戦以前にも国際戦争に敗れていたのである。

百済救援の意味するところ

なぜ日本は、百済救援軍を派遣することになったのだろうか。

　戦いは、唐・新羅連合軍と倭・百済がまっ向からぶつかり合った古代東アジア世界大戦ともいえる戦争だった。だが、倭国（日本）に侵略の矛先が向けられていたわけでも、唐と直接戦わなければならない事情があったわけでもない。それどころか、斉明天皇が西征に出発する二年前にあたる六五九年、第四次遣唐使を派遣している。新羅とも戦闘状態にあったわけではない。百済救援軍の派遣はあくまで、唐・新羅の進攻で滅亡した百済の復興を手助けするためだった。

　鬼頭清明氏（故人）は、百済との友好関係もさることながら、「みずからを新羅・百済より上位におこうとする大国主義」が救援軍派遣へ朝廷を動かしたと考えた。

　『白村江―東アジアの動乱と日本』（教育社）で、「七世紀中葉以降、血縁および擬制的な血縁的紐帯《おたい》をもとにする古い共同体的秩序が急速に解体に向かい、大和朝廷内部の権力構造に大きな転機をもたらす中で、朝廷は、権威を維持し、権力の集中を維持するために、朝鮮半島における大国主義的な外交方針を変えるわけにはいかなかった」と述べる。

大国主義的外交方針とは、新羅と百済の抗争のバランスの上に「任那《みまな》の調《みつき》」を取りたてきたこと。この「任那の調」を失うことは、大和朝廷の権威を失うことになり、「新しい社会秩序の樹立も権力の集中も不可能となって、朝廷の権力は動揺を深める危険性をはらんでいた」と解釈する。

「任那」は、半島南部を縦断して釜山の西の日本海に注ぐ洛東江《らくとうこう》流域のいわゆる加耶《かや》（加羅《から》）地域のことをいったらしい。いつのころからか、あるいはどのようないきさつがあったのかは定かでないが、日本は加耶諸国に何らかの権益を有していたことは間違いないようだ。

神功《じんぐう》皇后の「朝鮮征伐」伝承や倭五王《わのごおう》の「武」の上表文にある「渡りて海北を平ぐること九十五国」などと関係ある軍事行動によって得た権益だったのか、あるいは、加耶地域が倭国の王権なり倭国そのものの故地だったのか。諸説があるが、大和朝廷の屯倉《みやけ》や「任那《みまな》日本府」が設置されていたと伝える。

加耶諸国は一〇近くあったが、六世紀に入り、一部は百済に併合され、金官《きんかん》加羅《から》、大加耶《おおかや》など主要国は新羅に征服、併呑されるなど次々と滅んでいった。『日本書紀』によると、欽明《きんめい》二十三年（五六二）に任那は滅亡してしまう。しかし、「任那滅亡」以後も大和朝廷は「任那の調」を百済、あるいは新羅に要求し続け、実際に何度か朝貢を受けた。人質の派遣も求めた。

当時、百済・新羅側にどれほどの従属意識があったかは分からないが、少なくとも日本側は、半島諸国から朝貢を受ける立場の〝大国〟を意識していた。石母田正氏は「小中華主義」、遠山美都男氏は「仮想帝国主義」などといった。中国王朝への対抗意識、そして、大和朝廷の思いあがりともいえる大国主義が百済救援軍派遣の土台にあったということだろう。

唐帝国におびえる

白村江の敗戦の翌年（六六四年）、対馬《つしま》、壱岐《いき》、筑紫《つくし》（福岡県）に防人《さきもり》と烽《すすみ》を置いた、と『書紀』は記す。防人《さきもり》は辺境の地に置かれた防衛軍。律令時代を通じて設置され、おもに東国から兵士が差発された。烽《すすみ》は煙で情報を伝達するのろし台。九州から瀬戸内を経て大和まで、点々と設置されたらしい。

太宰府《だざいふ》の北側には、博多湾に向かって流れる御笠《みかさ》川をせき止めることができる長大な堤防を築いた。「水城《みずき》」と名付けられた。また、太宰府の北側にある大野山に大野城、南方約一〇キロにある基山《きやま》に椽《き》城（基肄《きい》城）を築いた。必死になって西の都の守りを固めた。

さらに対馬の金田城《かなたのき》、長門《ながと》国（山口県）の城《のき》、讃岐《さぬき》国（香川県）の屋嶋城《やしまのき》、倭国の高安《たかやす》城などを矢継ぎ早に築いた。

いずれも唐・新羅の〝本土襲撃〟に備えた国防施設だった。すべて山城。断崖や深い谷が守りに役立った。土塁や石垣を築き、平地には多数の倉庫を並べ建て、武具や穀物を蓄えた。水を得る井戸や水門（ダム施設）も設けた。朝鮮半島の古代山城と似通い、朝鮮式山城と呼ばれる。百済から亡命してきたばかりの憶礼福留《おくらいふくる》や答㶱春初《とうほんしゅんそ》らが造営を指揮した、と伝える。

　最後の砦《とりで》として築かれた高安城は、奈良県と大阪府の境にある高安山（四八八メートル）付近に古くから推定されてきた。昭和五十一年（一九七六）、大阪の八尾市民を中心にした「高安城を探る会」が高安城探しを始めた。二年後の五十三年四月、平群町久安寺の字金ヤ塚で総柱建物六棟分の礎石群を発見した。天智九年（六七〇）に米や塩を集積した、と『書紀』が伝える高安城の倉庫群に違いない――。マスコミも一斉に「幻の高安城発見」と報じた。

　しかし、橿原考古学研究所が発掘調査の結果、礎石の下から奈良時代前半の土器が出土、奈良時代の高安城と判断された。天智朝の高安城はまだ、「幻」のままになっている。

　白村江の敗戦から四年後の天智六年（六六七）十月、都を近江《おうみ》（滋賀県）の大津《おおつ》宮に遷した。翌年の正月、天智は即位式をあげ、正式に皇位についた。

　多くの人々は遷都を願わず、連日のように放火による火災が発生した、という。それでも、近江の大津を選んだのは、やはり唐に対する防衛策の一環だった、との見方が支配的。大津宮の調査を続けてきた林博

大津と琵琶湖。大津宮は西に比叡の山、東に広大な琵琶湖をもつ天然の要塞だった。

通氏も、「西に急峻な比叡《ひえい》の山並みをひかえて強固な防備とし、東には広大な琵琶湖を擁して天然の要塞となし、湖上を船運によって東国や北陸に容易に抜けられる」と、「防衛遷都」にかなう地政学的要件を強調する。（『日本都城制の源流を探る――中国の都城遺構』同朋舎）。

日本へ亡命

白村江の戦いに敗れ、百済王豊璋は、数人の家臣とともに船に乗って高句麗に逃れた。豊璋の王子たちは、子女の日本軍隊を率い唐軍に降伏した。降伏しなかった佐平余自信《よじしん》、達率木素貴子《もくそきし》、谷那晋首《こくなしんしゅ》、億礼福留《おくれいふくる》は、日本の軍隊とともに日本に逃れた。

百済の滅亡によって、多くの敗走兵が出

た。敗走兵たちは、家族や一般農民らとともに多く、日本へ渡った。高句麗へ逃れた元百済王豊璋の弟、善光をはじめ亡命渡来人である。王族の余自信《よじしん》、鬼室集斯《きしつとうし》らも来帰した。その数は、十数万人ともいわれる。

亡命渡来人のうち、さまざまな能力をもつ人々は大和朝廷に出仕し、官人的な存在として勤務していたらしい。大和朝廷としては官僚機構を強化するために百済人らを登用したらしい。

『日本書紀』の天智十年一月（六七一）条に次のような記事がある。

> 大錦下を、佐平余自信、沙宅紹明《さたくじょうみょう》に授けた。大山下を達率谷那晋首《こくなしんしゅ》、木素貴子《もくそきし》、憶礼福留《おくれいふくる》、答㶱《とうほん》春初《しゅんそ》、㶱《ほん》日比子波羅金羅金須《にちひこはらこんらこんす》、鬼室集信に授けた。小山上を、達率徳頂上《とくちょうじょう》、吉大尚《きちだいじょう》、許卒母《こそつも》、角福牟《かくふくむ》に授けた。さらに小山下を五十余人に授けた。
>
> 〈巻第二十七・天智天皇〉

百済からの亡命渡来人のなかでも、大和朝廷に重んじられたえりぬきのエリートたちだったのだろう。

ただ、一般庶民は、大阪市南部に百済（久大良）洲という島（中洲）に住まわされたらしい。久太良里はいまの中央区久太郎町、安良は中央区安土町に比定され、ほぼ船場全域を指したようであるが、この地に「百済洲」の地名を残すのは、多くの百済からの亡命人が一時的に住んだ、との見方が強い。

『書紀』の天智天皇八年（六六九）条に、「佐平余自信、佐平鬼室集斯ら男女七百余人の百済人らを近江国蒲生郡に移住させた」とある。また、天智四年（六六五）には四百余人を近江国神前郡に、同五年（六六六）には二千余人を東国に移住させた、とある。

一般の人々の多くは、来帰後、しばらくとどめ置かれたとみられる百済洲などから移住させられたとみられる。近江や東国では主に未開拓地の開拓などに当たったとみられる。当然、知識人もいた。移住地ではさまざまな工夫を凝らし、地域経済を発展させ、新たな故郷を形成していったのだろう。

枚方・中宮に百済王神社・百済寺

天平十年（七四三）、聖武天皇は東大寺の大仏建立を発願した。大仏の造営は、百済滅亡時に亡命渡来した国骨富《くにこつふ》の孫、国中公《くんなかのきみ》麻呂《まろ》が指導して進めた。

八回目にようやく毘盧遮那仏《びるしゃなふつ》の形はできたが、塗布すべき黄金が不足した。天皇は全国に黄金献上を呼びかけた。この時、百済王敬福《きょうふく》は、統治下の陸奥国小田郡（現宮城県遠田郡涌谷町黄金迫）から産出した黄金九百両を献上した。

天皇は大いに喜び、年号を天平から天平感宝と改元、敬福は官位七階級特進で従三位宮内卿と河内国の守に任じられた。敬福は、淀川に沿い、風光明媚な交野原の中宮《なかみや》に邸宅を構え、祖先を祭る百済王神社や氏寺の百済寺を建立した。以後、約百年間、枚方、交野の地は、百済王氏の本拠となり、一族が繁衍した。

㊤百済王神社と㊦百済寺跡（枚方市中宮）

亡命してきた百済の王族たちは最初、摂津国百済郡に居たらしい。いまの大阪市天王寺区、東成区あたりで、百済野と呼ばれた地。南から北へ百済川（いまの平野川）が流れていたという。四天王寺や百済寺の堂塔が建ち、桃の花咲く「桃谷」（現在の桃谷町）や鶴が群れ飛ぶ鶴橋などがあったと伝える。

　百済王氏が新しく本拠とした交野の地の旧山田郷、旧岡本郷など一帯は、平安時代、朝廷の狩猟地で一般庶民の出入りを禁じたため、「禁野《かたの》」と呼ばれた。また、牧野とも称された。禁野へは、桓武天皇をはじめ、平城、嵯峨、淳和、仁明など奈良時代から平安時代初めの天皇が二十数回も訪れ、狩猟を楽しみ、百済王氏と交流している。

　百済寺跡は、大阪府によって整備され、史跡公園となっている。直線に並ぶ金堂跡、南大門跡、中門跡、講堂跡、それに二基の塔跡、取り巻く回廊跡などが確認されている。約七十個の礎石が現存している。創建は奈良時代後期から平安時代初めとされる。鎌倉時代ごろまで続いたとみられる。まさに、百済王氏栄華の〝夢の跡〟である。

　百済王氏の系譜をみてみる。百済滅亡時の31代義慈王の子の善光（禅広）が日本に亡命した。善光の子孫が百済王氏。善光が難波に居住している時、持統五年（六九一）正月、百済王の姓を賜ったと伝える。百済王氏は善光から始まる。

　善光の子昌成は摂津国亮《すけ》（次官）に抜擢され、その子遠宝は文武天皇四年（七〇〇）に常陸《ひたち》国（茨城県）守に任じられた。これが一族の東国・東北計略の先鞭。孫の英孫も陸奥国鎮守府権副将軍、出羽国守を務めた。

　敬福は昌成の孫、陸奥守を務めている時、黄金九百両を献上した。その子、武鏡も出羽国守に任ぜられ、敬福の孫の俊哲も陸奥国鎮守府将軍兼征夷副使に任ぜられた。俊哲の子、総哲も出羽国守に、同じく俊哲の子の教俊も鎮守府将軍陸奥国介《すけ》兼出羽国守に任ぜられた。百済王氏の一族は、歴代、東北の蝦夷の鎮撫などに活躍したようである。

　平安時代の初め、女性（女系）たちも華々しく活躍した。敬福の子、武鏡の妹明信は右大臣藤原継縄の夫人として乙叡を生み、武鏡の娘教仁は桓武天皇の夫人となって大田親王を生んだ。俊哲の娘・教法は桓武天皇の女御となり、俊哲の娘貴命は嵯峨天皇の夫人となって忠良親王と元良親王、其子

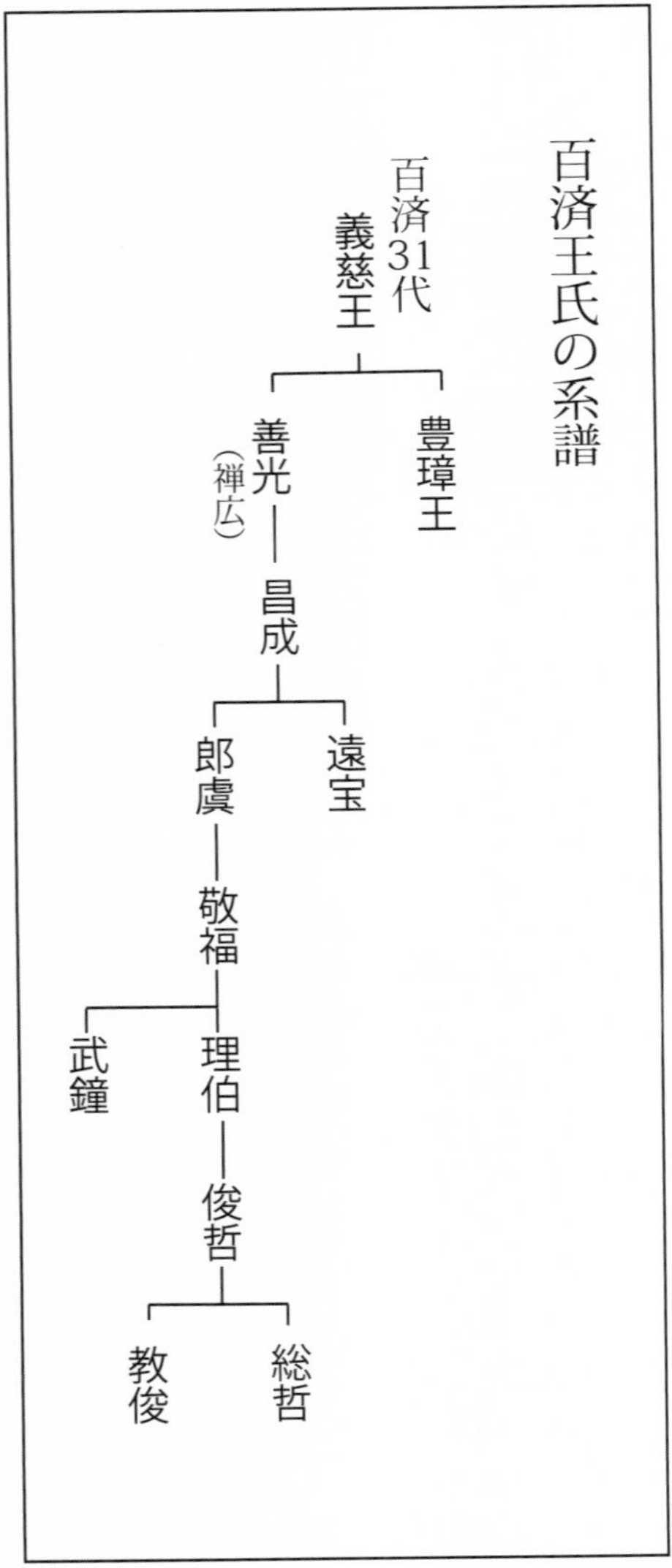

内親王を生んだ。俊哲の孫慶命は嵯峨天皇の夫人となって源朝臣定らを生み、俊哲の孫の永慶は仁明天皇の夫人となって高子内親王を生んだ。同じく俊哲の孫貞香は桓武天皇の夫人となって駿河内親王を生んだ。綺羅星の如くである。

「純陀太子―和氏―高野新笠」編で詳しく書いたが、桓武天皇の生母は、百済の純陀太子の子孫で、武寧王の子孫でもある渡来系氏族、和（倭）氏の和乙継の娘である高野新笠である。

百済王氏と百済王族は桓武朝に栄華を極めたらしい。『続日本紀』によると、延暦九年（七九〇）正月、桓武天皇は「百済王等は朕が外戚なり」と発言、玄鏡、仁貞、鏡仁らが昇叙されたと伝える。

百済王氏は、善光王から七代目の豊俊の時、「三松氏」と改姓した。ただ、この頃から家運は凋落、衰微の一途をたどったと

善光寺。三松みよ子氏は、百済王氏の善光（禅広）が創建したと推論している（長野市）

いう。三松氏は、戦国時代末に枚方市中宮の旧居を退去し、近郊に転居したという。三松氏の流れをくむ三松和夫・みよ子夫妻が奈良市に住んでいる。みよ子夫人は三松氏の歴史の研究家として知られる。「長野の善光寺は百済王善光の創建」などの独自説を強く主張している。枚方市大垣内町にある宮山の山上に、三松家が邸内社として祭った百済王神社の分社が荒廃したまま残る。

世の中に絶えてさくらのなかりせば
春の心はのどけからまし

天の川が交野ケ原が貫流して淀川に流入するあたりにあったらしいという清院という行宮《あんぐう》で、在原業平《ありはらのなりひら》が詠んだと伝える。惟《これ》喬《たか》皇子が京から伊勢へ行く途中に休息に立ち寄った際に詠まれたという。

「天の川」の呼称や七夕祭は、山田郷中宮に本拠を置いて交野ケ原に繁栄した百済王氏ゆかりの伝統だったのだろうか。

蒲生野の鬼室集斯

『日本書紀』によると、天智天皇四年（六六五）の春二月、百済滅亡時に亡命渡来した鬼室集斯に「小錦下」を授けた。また、天智天皇八年（六六九）、集斯を男女七百名とともに近江国蒲生郡に居住させた、としている。

鬼室集斯は百済の武官として数々の軍功を立てた鬼室福信の子とされる。集斯がいち早く「小錦下」を授けられたのも福信の戦功によるものだったとされる。福信は、天智天皇元年（六六二）、日本から送り返され百済の国王になった豊璋に仕えたが、翌天智二年（六六三）六月、豊璋王から謀反の嫌疑をかけられ、殺され、首を酢漬けにされた、と伝える。「福信漬」の名称はこれに拠る、との説もある。白村江の戦いで唐・新羅軍に惨敗を喫する二カ月前のことだった。

　その鬼室集斯を祀った鬼室神社が、滋賀県蒲生郡日野町小野《この》にある。

鬼室神社。社殿背後に鬼室集斯の墓碑を安置する石祠がある（滋賀県日野町小野）

鬼室集斯をはじめ多くの亡命百済人らが居住した、と伝える
滋賀県の蒲生野

金達寿氏は、著書『日本の中の朝鮮文化』で、「竜王山を背にした山あいの里、それが小野だった。田んぼの間につうじている一本のなだらかな坂道をのぼって行くと、まもなく道の右かたわらに『鬼室神社』としたなかなか立派な石碑が見えた」と、鬼室神社のことを紹介している。

　鬼室集斯は近江へ遷されてすぐ、学識頭（のちの大学頭）といういまの文部科学大臣にも相当する役職に任命された、と伝える。金達寿氏はこうも書く。「百済王朝の遺臣、それが日本のこちらへ来てはすぐに大学頭、文部大臣になったという天智帝の近江朝というのは、いったいどういうものであったのだろうか』。

百済からの渡来

五八七年、蘇我馬子や厩戸《うまやど》皇子（後の聖徳太子）らは、物部守屋を打倒した。

河内の渋川《しぶかわ》の守屋《もりや》の家に総攻撃をかけたときの次のエピソードはあまりにも名高い。

　厩戸皇子は、束髪於額《ひさごはな》をする少年（十四歳）だった。軍の後方に従っていた。戦況を敏感に察した。

「このままでは敗れるかもしれない」

と、すばやく白膠木《ぬりで》から四天王像を彫り出した。頭髪に刺し、

「敵に勝たせていただけるなら、きっと護世四王のために寺塔を建立しよう」

と誓願した。

　続いて馬子も誓願を発し、

「私を守り助け、勝利を与えて下さるなら、きっと寺塔を建て仏法を広めよう」

　たちまち戦況は一変し、守屋を倒した。

〈巻第二十一・崇峻天皇〉

真神原に飛鳥寺

太子の発願した四天王寺（荒陵《あらはか》寺、大阪市）は、推古元年（五九三）に造営が開始されたが、馬子の発願した寺はさっそく戦争の翌年（五八八年）から、飛鳥の真神原《まかみのはら》で工事に着手

飛鳥の真神原（奈良県明日香村）

された。飛鳥寺である。わが国最初の本格的寺院だった。

造営地の真神原は飛鳥盆地の中心部、明日香村飛鳥付近の平坦地のこと。飛鳥寺造営に続いて王宮殿が次々と営まれ、飛鳥の中心となっていく。

雄略天皇紀にも、百済など半島から渡ってきた多くの「手末《たなすえ》の才伎《てひと》」らを居住させた土地三カ所のうちの一カ所として登場する。他の二カ所は上桃原《かみつももはら》と下桃原《しもつももはら》だった。

「手末の才伎」は手先を使う技術をもつ工人や知識人のことをいったらしい。雄略紀の記事中には、陶部《すえつくり》、鞍部《くらつくり》、画部《えかき》、錦部《にしごり》、訳語《おさ》（通訳）の技術者の名がみえる。「今来《いまき》の才伎《てひと》」とも呼ばれ、飛鳥時代の産業、経済、文化の発展を支えた。こうした先進技術や知識を備えた渡来人が、それが正確に雄略朝だったかどうかは別として他地域に先駆けて飛鳥地方に居住したことが、後に飛鳥の地を王都たらしめることになったことは疑えない。

鞍作鳥

崇竣紀によると、飛鳥寺の造営にあたって、百済から舎利《しゃり》がもたらされ、寺工《てらたくみ》、鑪盤《ろばんの》博士《はかせ》、瓦博士《かわらのはかせ》、画工《えかき》らが次々とやってきた。建築、鋳造、瓦作りの技術者や画家たちだった。翌々年（五九〇）には、山に入って用材

飛鳥寺の軒丸瓦。百済の瓦とそっくりだ
（奈良文化財研究所提供）

飛鳥寺（安居院）

を採った。

推古元年（五九三）の正月には塔の心礎に舎利を納め、心柱《しんばしら》を立てた。推古四年（五九六）には、馬子の子の善徳臣《ぜんとこのおみ》が寺司《てらのつかさ》となり、高麗僧・慧慈《けいじ》と百済僧・慧聡《えそう》が住み始めた。

推古十三年（六〇五）には、推古女帝が太子や馬子らとともに銅と刺繍《ししゅう》の二つの丈六仏《じょうろくぶつ》を発願、鞍作鳥《くらつくりのとり》（止利仏師）が制作を始めた。翌年完成して金堂に安置した。飛鳥寺は着工から十八年を経てほぼ完成をみた。おそらく真っ赤に丹を塗ったエンタシスの柱。屋根の上では瓦がみごとな直線美、曲線美を描き、堂内にはさんぜんと輝く金色の仏像。見上げるばかりの塔の上には、まばゆく光り輝く相輪。透かし彫りの水煙には、飛天が華麗に舞っていたことだろう。大陸渡来の最先端技術を駆使した堂塔伽藍だった。一般庶民は竪穴式住居に住み、宮殿といえども掘立柱の建物だった。

鞍作鳥（止利仏師）の作と伝える飛鳥寺（安居院）の本尊、釈迦如来坐像（飛鳥大仏）

丈六《じょうろく》の金銅仏が完成したときのこととして、書紀は次のようなエピソードを伝える。

仏像が金堂の戸より高く、納めることができなかった。工人たちは「戸を壊して中に入れよう」と相談し合った。

ところが、鞍作鳥《くらつくりのとり》はすぐれた工《たくみ》で、戸を壊さずに入れた（方法は書いていない）。

このため天皇は鳥をほめたたえ、上から三番目の大仁《だいにん》の位と近江《おうみ》国坂田郡の水田二十町を授けた。鳥は感謝のしるしとして飛鳥に坂田寺を建立した。

〈巻第二十二・推古天皇〉

鞍作鳥は、継体《けいたい》朝に渡来して坂田原（明日香村）に草庵を営み、仏像を礼拝したと伝える司馬達等《しばたつと》の孫にあたる。父の多須奈《たすな》は用明《ようめい》天皇の病気平癒のために出家して丈六仏を造った。叔母の嶋女（善信尼《ぜんしんに》）は女性として初めて出家した。

本来は、馬具作りで朝廷に仕えた渡来工人だったらしい。馬具作りには、金工や木工の高度な技術を必要とする。その技術は、やがて仏像制作に応用されたようで、法隆寺・金堂の釈迦三尊像（国宝）なども鳥の作品と伝える。鳥は、その名をいまに残すわが国最初の芸術家といっていいだろう。

しかし、鳥一人が秀れた工人だった、ということではなかった。飛鳥文化を切り開く上で、渡来系の技術者がいかに大きな役割を果たしたか、また、彼らのもたらしたハイテク技術がいかに人々を驚かせたか、を物語るエピソードと考えるべきだろう。

安居院の飛鳥大仏

飛鳥寺（高市郡明日香村飛鳥）はいま、創建時の大伽藍《がらん》のおもかげはない。安居院《あごいん》と呼ばれてきた堂一つと庫裡《くり》、鐘楼などを残すだけ。鳥の作った本尊・釈迦如来座像（飛鳥大仏）があるが、つぎはぎだらけ。最古の仏像は、国宝に指定されず、重文にとどまっている。

飛鳥寺跡は、昭和三十一年から二年間、奈良国立文化財研究所（現奈良文化財研究所）によって大がかりな発掘調査が実施された。

まず、本尊の下から竜山石《たつやま》（凝灰岩）の切り石を組み合わせて作った大きな台座を見つけ、安居院は元の金堂の位置にあり、本尊も元の場所を動いていないことを突きとめた。

発掘調査では、金堂基壇、石敷き参道、塔跡などが次々と検出され、塔の東西にも東金堂と西金堂がある「一塔三金堂」形式の伽藍配置が明らかになった。

それまで、南門、中門、塔、金堂、講堂が南北に一直線に並ぶ「四天王寺式」の伽藍配置が最も古い、とするのが定説だった。最古の飛鳥寺も当然「四天王寺式」との想定で調査が進められた。ところが、思いもよらぬ三金堂の出現。まさに教科書を書き換える発掘成果だった。

「一塔三金堂」は百済にはない。ところが、高句麗の都だった平壌の清岩里廃寺《せいがんり》に例がある。飛鳥寺は、文献記録のほか、出土する素《す》弁蓮華文《べんれんげもん》の軒丸瓦の文様や、すぐ東南で見つかった瓦窯跡の構造が百済のもののそっくりなことなどから、百済の技術で造営されたことは明らかだが、高句麗とのつながりも注目されることになった。

中金堂には金銅仏、東金堂には敏達十三年（五八四）に百済からもたらされたという弥勒《みろく》の石仏（未発見）、西金堂には金銅仏といっしょに制作されたという繍仏《しゅうぶつ》が安置されていた、と推測されている。

摂津の百済野

大阪市東南部に「百済郡」というのがあった。大阪市の天王寺区、東成区、生野区、東住吉区にわたる地域だったようである。「百済野」とも呼ばれた。百済系渡来人が多く定着し繁衍したため設置されたらしい。豊臣時代の天正年間に行われた検地の頃には確実にあったという。

平安時代初め、この百済郡に拠点を置く渡来系氏族は広井造真成だったことが『続日本紀』の延暦十年（七九一）条で分かる。『姓氏録』には、「広井連は百済国避流王の後なり」という記述がある。

百済野には百済川が北流し、猪飼津《いかいつ》と呼ばれる入江に注いだようである。四天王寺や百済寺の堂塔もあり、現天王寺区の寺田町や桃谷町にあたる。鶴が群れ飛ぶ鶴橋町（生野区）などもあった、という。

摂津の百済寺があったことは『日本霊異記』などで分かる。百済郡の百済野にあったらしい。敏達天皇六年（五七七）条に「百済国の国王が、日本に帰国する使の大別王らに経論と律師、禅師《ぜんじ》、比丘尼《びくに》、呪禁師《じゅごんのはかせ》、造仏工《ほとけつくるたくみ》、造寺工《てらつくるたくみ》などをつかわしたので、難波の大別王の寺に安置させた」とあるが、その大別王の寺が百済寺だったのかもしれない、と段熙麟氏は『大阪における朝鮮文化』で述べる。

大別王寺の所在地は、天王寺区堂ケ芝町説と東住吉区の「桑津の里」説があり、確定していない。

鷹合邑

『書紀』の仁徳天皇紀に次のような話が載る。

四十一年春三月、百済の王の一族である酒君《さけのきみ》に無礼があった。紀角宿祢《きのつぬのすくね》は百済王を呵責した。百済王は、鉄の鎖で酒君を縛って、葛城襲津彦に従わせて日本に送った。

四十三年の秋九月、依網屯倉《よさみのみやけ》の阿彌古《あひこ》が、変わった鳥を献上した。天皇は酒君を呼んで、

「これは何という鳥であるか」

と尋ねた。酒君は

「この鳥の類は百済にたくさんいます。馴らせばよく人に従い、早く飛んで諸鳥をとります。百済では倶知《ぐち》といっております」

と返答した。

〈巻第十一・仁徳天皇〉

これはいまの鷹。酒君に飼養させた。なついたので、天皇に献上した。この時、天皇は百舌鳥《もず》に行き猟をした。鷹を放つと数十の雌雉《めきじ》を捕らえることができた。鷹甘部《たかかいべ》を定めた。鷹を養うところを名づけて鷹甘邑といった。

鷹甘邑はなまって鷹合村となったらしい。東住吉区の長居公園東側に鷹合町がある。近くには、南百済小学校、ＪＲ百済貨物駅、百済橋（平野区平野東町一丁目）、百済大橋（東住吉区東田辺三丁目）などがあり、「百済」の地名を多くとどめる。

田辺氏

東住吉区には伎人郷というのがあった。田辺郷とも呼ばれたようで、田辺氏の居住地だったらしい。田辺氏の祖は仁徳天皇の治世に百済から来帰した、という。東住吉区山坂町にある山坂神社は田辺神社といって田辺氏の祖神を祀っていたらしい。

柏原市田辺一丁目には田辺廃寺跡がある。国分の田辺郷にある廃寺である。春日神社の境内に東西両塔跡、金堂跡などが残っている。東塔跡は、レンガ状のブロックを積み上

田辺廃寺跡（柏原市田辺１丁目）

げた塼積《せんづみ》基壇、西塔跡は瓦積基壇。いずれも半島から伝わった工法らしいが、遺存状態がよいことでも知られる。

　国分の田辺郷は、いまの柏原市国分本町、国分市場、国分東条町、田辺、旭ケ丘などに比定されるよう。奈良、大和高田方面に通じる西名阪高速道路、国道25号、国道１６５号などが通じ、まさに大和への入り口である。大陸から難波を経て大和入りする入り口である。そして付近には田辺氏に関係するとみられる古墳もたくさんある。

　田辺氏は、応神天皇陵付近で馬を取り換えたが翌朝、土馬に変わっていたというエピソード（「王仁―西文氏」編に詳細）がある田辺史伯孫《たなべのふひとはくそん》、孝徳天皇の時の遣唐使高向玄理《たかむくのくろまろ》に随行した田辺史鳥、大宝律令の選定に携わった田辺史百枝《たなべふひとももえ》や田辺史首名《おひとな》らの著名人を輩出した。

船首王後の松岳山古墳

　田辺廃寺から北へ約一キロの大和川左岸に松岳山古墳がある。松岳山頂にある前方後円墳。古墳の墳頂部は削られ、石棺が露出、石棺の前後に縄掛けのための育孔板石と呼ばれる板石がある。中国の王墓などにみられるようだが、我が国では特異な遺構である。

　この古墳から江戸時代に盗掘された際に、縦三〇センチ、横七センチほどの青銅製墓誌が出土した。古墳の被葬者とみられる「船首王後《せんのおびとおうご》」の名前が刻まれていた。約百五十字に及ぶ次のような銘文が表と裏に刻まれていた。

〈表〉
惟船氏故　王後首者是船氏中祖　王智仁
首児　那沛故首之子也　生於乎沙陁宮治
天下天皇之世　奉仕於等由羅宮治天下天
皇之朝　至於阿須迦宮治天下天皇之朝
天皇照見　知其才異　仕有功勲　勅賜官
位大仁品為第

〈裏〉
三殯亡於阿須迦天皇之末歳次辛丑十二月
三日庚寅　故戊辰年十二月　殯葬於松岳
上共婦　安理故能刀自同墓　其大兄刀羅
古首之墓並作墓也　即為安保万代之霊基
牢固永却之宝地也

〈表〉は、「惟《おも》うに、王後の首は船氏中興の祖である。王智仁の子那沛故首《なほにのおひと》の子である。敏達天皇の御世に生まれ、推古天皇の朝廷から舒明天皇の朝廷まで出仕、奉仕した。天皇は、知識とその才能と出仕の功勲を認め、勅

松岳山古墳。墳頂部では石棺が露出。「船首王後」の名前が刻まれた墓誌が出土した（柏原市）

命によって大仁の官位を賜った」と生前の活動などを記している。

また、〈裏〉には「舒明天皇十三年（六四一）十二月三日に死した。天智天皇七年（六六八）十二月松岳山上に埋葬した。夫人と合葬した。伯兄である刀羅古首《とらこのおひと》の墓も並べて造り、永遠の霊地とした」と記している。

墓誌に見える王後の祖父、王智仁は、船氏の祖である王辰爾《おうしんに》のことである。書紀の欽明天皇十四年条に「蘇我大臣稲目は、天皇の命で王辰爾に船の賦（貨物）を数えさせた。王辰爾を船の役人とし、船史という姓を賜った」とみえる。船の貨物を数えることで船税の徴収に寄与したということである。

王辰爾については『書紀』に次のようなエピソードが載る。

欽明天皇三十一年、高麗の使人が越の海岸に漂着した。天皇は山背の相楽郡《さからのこおり》に相楽館を建てて厚くもてなした。

敏達《びだつ》天皇元年五月、天皇は相楽の館に居留していた高麗の使がもっていた上表文を史《ふひと》たちを招集して解読させたが、三日経っても誰も解読できなかった。ところが王辰爾が読み解いた。天皇は

「よくやった。おまえが学問に親しんでいなかったら誰も解読できないところだった。今後は殿中に近侍するように」

と、王辰爾をほめた。

高麗の上表文は、烏《からす》の羽根に書かれており、羽根が黒いため判読できなかった。王辰爾は、羽根を飯気《いいのけ》（御飯を炊く時の湯気）で蒸し、上質の綿布を押しつけて文字を写

しとった。人々は一様に驚いた。

〈巻第十九・舒明天皇〉

〈巻第二十・敏達天皇〉

「烏羽《からすう》の表疏《ひょうそ》」と呼ばれる秘密外交文書判読に関するエピソードであるが、王辰爾のこの解読の手柄が船氏一族繁栄のもととなった。

羽曳野市野々上にある野中寺《やちゅう》は船氏の氏寺とされる。現在は、近世の仮本堂と山門を残すだけだが、境内には東に金堂跡、西に塔の礎石を残し、法隆寺式の伽藍配置をしのばせる。飛鳥時代の寺院だった。京都・嵯峨野の太秦寺や斑鳩・中宮寺の半迦思惟像とそっくりの金堂弥勒像（国宝）が伝わる。

船氏の子孫に、道昭という名僧がいた。乙巳の変で燃える蘇我蝦夷の家から国記など重要文書を持ち出したと伝える僧恵尺《えさか》の子。いまの大阪市平野区の爪破で生まれた、とい

野中寺（羽曳野市野々上）

う。飛鳥寺（元興寺）で受戒した後、唐に渡って三蔵法師に師事し、我が国に法相宗を伝えた。各地を行脚して、井戸を掘り、橋を架け、港を設け、布施屋（簡単な医療機関）などの社会公益事業にも尽くした、と伝える。

葛井氏と津氏

『続日本紀』の延暦九年七月条に、津真道《つのまみち》が朝廷に出した上表文に、「応神朝に辰孫王が渡来し、長子である大阿良王は仁徳天皇に近侍した。大阿良王の子は玄陽君、その子は牛定君。牛定君には和散君、智仁君、麻呂君の三子があり、分かれて三姓となり、職務により氏として、葛井、船、津連（後の菅野氏）がそれである」との記事がある。

船氏の同族に葛井氏と津氏があったことが分かるか、いずれも南河内を拠点とした。

葛井氏は、もともとは白猪史《しらいのふひと》と呼ばれたら

葛井寺（大阪府藤井寺市）

しい。白猪史は、欽明天皇の時代、美作（岡山県）の白猪の屯倉の戸籍を定めた功により、白猪史の姓を与えられた、という。葛井連氏となったのは養老四年（七二〇）のこととされる。一族には、遣唐留学生の白猪史宝然、白猪史阿麻留、葛井広成などがいた。白猪史宝然は、帰朝後、大宝律令の選者になった。

藤井寺市藤井寺にある葛井寺は、葛井氏の氏寺である。葛井氏の邸宅跡に、奈良時代に聖武天皇の勅願により創建され、平安時代に葛井氏の外孫である阿保親王（平城天皇の側室となった葛井勝子の子）によって再建された、と伝える。南門は豪壮な楼門造り、瀟洒な朱塗りの西門などがある。西国巡礼第五番の札所。

津氏は藤井寺市の津堂、羽曳野市の高鷲、恵我之荘あたりを本拠としたらしい。大和川の港や舟運の管理運営に携わったらしい。津氏からは、皇太子の教育や『続日本紀』の編纂に携わり、朝廷に上表文を提出して一族が、船氏、葛井氏とともに百済王室の家系であることを明らかにした津《つの》（菅野）真道《まみち》など、多くの官史や学者を輩出している。

津氏の氏寺は廃寺となった善正寺といわれる。野中寺の南にある寺山がその善正寺跡といわれ、藤井、船津の三氏の共同墓地になったとも伝える。

錦織神社と日羅

『日本書紀』の雄略天皇七年条に、今来《いまき》（手末《たなすえ》）の才伎らを上桃原、下桃原、真神原の三カ所に分けて居住させた、という記事があることは既に書いた。その中に、錦織定安那錦《にしごりのじょうあんなこむ》の名前がみえる。錦織連氏の祖ではないかとみられる。

錦織神社（富田林市宮甲田町）

大阪府富田林市宮林にある錦織神社は、錦織氏と関係が深いと考えられている。付近は石川の百済郷。いまの富田林市南部から河内長野市にかけての地域で、百済からの渡来人らが繁衍した地域とみられる。

敏達天皇が最初に営んだ「百済大井宮」の所在地とする考え方もある。

敏達天皇十二年七月条に次のような記事がある。

敏達天皇は、欽明天皇の時、新羅に滅ぼされた任那を復興させようと考えた。百済国に住んでいた火葦北国造の子孫、日羅と相談しようと召喚した。帰国した日羅は百済を討つ計画を奏上、このため百済の参官らは徳爾という者に命じて日羅を殺させた。日羅の妻子を石川の百済村に住まわせた。

〈巻第二十・敏達天皇〉

百済国の官史だった日羅が百済討伐を進呈するというのは腑に落ちないところもあるが、古代の日韓関係の複雑さとともに、日羅と河内の石川地方との深い関係を示唆している。

こんでら（河内寺）

東大阪市河内町に河内寺の遺跡がある。四天王寺式の伽藍配置の大寺だったとされる。この河内寺は、河内直《あたい》氏の氏寺だったと考えられている。『姓氏録』によると、「河内連（河内直から昇叙）は百済国の都慕《とぼ》王の男である陰《いむ》太貴首《たすき》王の後孫」とされている。河内寺は地元では「こんでら」と呼ばれて

河内寺廃寺跡

いるよう、『大阪における朝鮮文化』の中で著者の段熙麟氏は、こんを韓語のコン（大きい）の義と考え、「こんでら」は「大寺」のことだろうと推理している。

　河内には、渡来人に関係する古墳も数多くある。大阪府河南町の一須賀古墳は、標高一〇〇—二〇〇メートルの丘陵斜面に、六世紀後半から七世紀初めごろの二百基を超える古墳が営まれている。いわゆる群集墳で横穴式石室をもつ円墳が多い。昭和四十七年（一九七二）に発掘調査され、純金、純銀のイヤリング、カンザシや、金箔を張ったり、金メッキした冠、イヤリング、髪飾り、武具、馬具が多数出土した。カマド、カメ、ナベなどのミニチュアの炊飯倶セットも出土、半島の百済と関係深い遺物として注目された。

　羽曳野市飛鳥の飛鳥戸神社は、百済系王族の昆支《こんき》王の後の飛鳥戸造ゆかりの神社である。祭神は昆支王。詳細は「昆支王」編で述べた。

　また、枚方市中宮にある百済寺跡、百済王神社は百済王氏ゆかりの遺跡で、百済系渡来人の河内における重要遺跡だが、詳しいことは「百済王氏—百済滅亡時の亡命王族」編で取り上げたい。

　百済の渡来人は大和にもいた。『日本書紀』の欽明天皇元年二月条に、百済の人己知部《こちぶ》が帰化してきたので、倭国添上郡《そえがみのこおり》山村に住まわせた、とある。

　奈良市山村町あたりが「山村」の地で、俗に「山村御殿」と呼ばれる円照寺がある。七

円照寺（奈良市山村町）

世紀後半の山村廃寺跡、後期古墳群などもある。また近くの八島町には崇道天皇（早良親王）八島陵がある。

新羅からの渡来

応神天皇三十一年秋八月の条に次のようなエピソードが載る。

　伊豆国から貢上された枯野という船はすっかり老朽化してしまった。そこで、勅に従って船の材を薪として塩を焼いた。五百籠と塩を得たので諸国に配り船を造らせた。諸国から五百船が献上された。すべて武庫水門《むこのすいもん》に集まった。

「武庫水門」があったと伝える武庫川の下流

　この時、近くにあった新羅の使の宿泊所が火災にあい、延焼して集まっていた船の多くが焼けてしまった。

新羅を責めた。新羅王は驚いて恐懼し、良い匠者《たくみ》（木工技術者）を貢上した。これが猪《い》名《な》部《べ》らの始祖である。

〈巻第十・応神天皇〉

枯野の船を塩の薪にして焼いた時の燃え残りを、天皇が琴に作らせると、大きな音がして遠くまで聞こえた——というようなエピソードも付記され、ロマンに満ちた一説である。

猪名部工

猪名部工《いなべのたくみ》たちは摂津国の猪名川の流域を本拠としていたと伝える。為奈《いな》、為奈野とも呼ばれる地域、いまの伊丹市、豊中市あたりである。書紀に出てくる武庫の水門（武庫川）とは東に五キロほど離れた流域である。

『日本書紀』の雄略天皇秋九月状に次のようなエピソードが載る。

木工の韋那部真根《いなべのまね》は石を台にして斧で木材を削っていた。誤って傷つけることはなかった。

猪名川（兵庫県伊丹市）

天皇が不思議に思い、

「いつも石に誤って当てることはないのか」

と問うた。

　真根はお答えして、

「決して誤ることはございません」

　天皇は、采女《うねめ》を集め、衣服を脱がせ、ふんどしをさせて相撲をとらせた。真根はそれを見て思わず誤って刃を傷つけてしまった。

　天皇は怒って
「私を畏れず、不貞の心で軽々しく答えたのだろう」

と真根を責め、処刑しようとした。

　その時、仲間の工匠が、真根のことを惜しんで、

「あたらしき韋那部の工匠懸けし墨縄
其が無けば誰か懸けむよ　あたら墨縄」

（もったいない、韋那部の工匠が使った墨縄よ。彼がいなかったら誰がかけよう、もったいない墨縄よ）と歌を詠んだ。

　天皇はこの歌を聞いて、大いに後悔
「もう少しで人を失うところであった」

と赦免の使を甲斐の黒駒に乗せて処刑場に走らせ、殺すのをやめさせた。


〈巻第十四・雄略天皇〉

　猪（韋）那部の工匠たちの優秀さをいまに伝える。「甲斐の黒駒」がなぜ登場するのか分からないが、甲斐（山梨県）も多くの渡来人が居住し、馬も多く飼育された土地柄であったことは注目される。

猪名部の工匠たちの子孫はその技術を生かし諸国の社寺造営に活躍した、と伝える。東大寺の工事責任者は猪名部百世《いなべのももよ》だった。

陶邑

須恵（陶）器は一、一〇〇〇度以上で焼かれた古代の陶質土器である。それまでの土師器《はじ》に代わって、古墳時代中期以降、主流の土器となった。四世紀末から五世紀にかけて渡来してきた新羅などの朝鮮半島の工人たちが造ったといわれる。

堺市の旧大村郷（現在の福田、上之、辻、高倉など）あたりは書紀の崇神天皇条に「茅渟《ちぬ》県《あがた》陶邑」と記されたところ。わが国最初の須恵器生産地といわれる。付近の堺市東南部の泉北丘陵には、須恵器を焼いた登り窯跡が多数ある。ただ、泉北ニュータウンの造営で多くが壊された。いまに残るのは一―二割程度という。

陶邑伝承地にある陶荒田神社（堺市中区上之）

須恵器をもたらしたのは伽耶からの渡来人、百済人などとする見方もあり、必ずしも新羅の専売特許ではないが、新羅からの渡来人は工人として長じていたのではないだろうか。

神功皇后の新羅征討

神功皇后の新羅征討は、書記によると、仲哀天皇九年十月のこととされる。皇后は、臨月を迎えていたが、石を腰にさしはさみ、軍船に乗り伊都県《いとのあがた》（福岡県）から対馬の和珥津を経て新羅国へ攻め入った。降伏した新羅の王を許し、多くの財宝を八十艘の船に乗せて帰国、筑紫の宇瀰《うみ》（福岡県宇美町の宇美神社付近とされる）で、誉田天皇（応神天皇）を産んだ――と書いている。

神功皇后のいわゆる「三韓征伐」。戦前の『尋常小学國史』（文部省）では次のように書いていた。

軍船海にみち〳〵御勢すこぶる盛なりしかば、新羅王大いに恐れていはく、「東の方に日本といふ神国ありて、天皇といふすぐれたる君いますと聞く。今来されるは、必ず日本の神兵ならん。いかでかふせぎ得べき」と。ただちに白旗をあげて降参し、皇后の御前にちかひて、「たとひ太陽西より出て、川の水さかさまに流る時ありとも毎年の貢はおこたり申さで」といへり。

書紀は、この時、高麗《こま》（高句麗）と百済《くだら》も降伏し、「内宮家屯倉《うちつみやけ》」を定めた。つまり、朝鮮半島諸国を属国にし、任那日本府を置いた、というように書く。

戦前、軍国主義日本の半島・大陸への進攻の精神的支柱とさえなっていたこの物語は、戦後は一転、教科書どころか、歴史研究者らにも無視されるようになった。仲哀天皇も神功皇后も架空の人物とされ、従って、半島への軍事行動は架空の物語とされ続けている。

四邑の漢人

神功皇后の新羅征討から五年後の神功皇后摂政五年に葛城襲津彦が皇后の命で新羅に行き、蹈鞴津《たたらのつ》に宿泊し、草羅城《さわらのさし》を攻め落として帰還した。

この時の俘人《とりこ》らが、桑原、佐糜《さび》、高宮、忍《おし》海《ぬみ》など四つの邑の漢人らの始祖である、と書いている。

一方で、書紀の仁徳天皇五十三年条に次のような記事がある。

> 新羅が朝貢しなかった。上毛野君之祖である竹葉瀬《たけはせ》を遣わして朝貢しない理由を問わせた。時が経って、今度は竹葉瀬の弟の田道《たじ》を派遣した。田道には、「新羅が抵抗すれば、兵を挙げて攻撃しろ」と命じた。田道は、新羅軍の左方を攻撃して数百人を殺した。また、四邑の人民をとらえ、率いて帰国した。
>
> 〈巻第十一・仁徳天皇〉

四邑の人民とはよく分からない。神功摂政一年条に登場する葛城襲津彦が新羅から連れ帰って、桑原、佐糜《さび》、高宮、忍海《おしぬみ》の四つの邑に住まわせた漢人を指すのか、それとも、田道が新羅の四つの邑から連れ帰った新羅人を指すのか判断しがたいが、四世紀末から五世紀初めにかけて、多くの新羅人が捕虜のような形で渡来したことが分かる。

「四邑」の一つの候補地、金剛山（かつての葛城山）の東麓にある御所市西佐味の集落

四つの邑とも大和の葛城地方に比定する考え方が有力。このうち佐糜については御所市南端の東佐味、西佐味を、忍海については葛城市の忍海《おしみ》を比定する向きが多い。桑原、高宮については複数の比定地がある。

　南郷遺跡群を発掘調査した橿原考古学研究所の坂靖氏は、南郷遺跡群を「高殿《たかどの》」、「祭殿」など王の政治を行った場、水のまつりの祭祀場、王を支えた各種工房などがそろった「葛城の王都」の遺跡とした。同時に、南郷遺跡群は、渡来人が定着した地であると推定した。王を支えた生産工房は渡来人技術者の指導のもとに工業団地や交易センターも含めて計画的に配置されていたとみる。そして、四邑の一つの高宮の一角とみる。

讃良と埴廬

書紀には、欽明天皇二十三年の春正月、「新羅が任那の宮家を打ち滅ぼした」とある。

任那とは、「加羅《から》国、安羅《あら》国、斯二岐《しにき》国、多羅《たら》国、卒麻《そつま》国、古嵯《こさ》国、子他《した》国、散半下《さんはんげ》国、乞飡《こつきん》国、稔礼《にんれ》国の十国である」と追記している。

続いて書紀は、秋七月、新羅が我が国に使を遣わしたが、その使人は新羅が任那を滅ぼしたことを知っていたので、帰国を願い出ず、日本にとどまり百姓《おおみたがら》らと同列に扱われた。河内国の更荒郡《ささらのこおり》の鸕鷀野邑の新羅人の先祖である——と書いている。

河内の讃良《ささら》郡（更荒）は、寝屋川市、四条畷市、大東市東北部の地域。『姓氏録』には、「宇努連《うぬのむらじ》は新羅王子である金庭具の後なり」とあるが、宇努が「鸕鷀野」のことだとすれば、「讃良郡の鸕鷀野」が新羅からの渡来人と縁深いことがよく理解できる。

書紀にはまた、欽明天皇三十年十一月条にも、「新羅の使が、新羅国が任那を滅ぼしたことから帰国を願い出ず、日本にとどまった。摂津国の三嶋郡の埴廬《はにいお》の新羅人の祖である」と書いている。

埴廬の「埴」は「土」であり、「廬《いおり》」は「室」か「家」のことであるので、埴廬は現在の高槻市土室町あたりだという説が強い。

なお、『大阪における朝鮮文化』を著した段熙麟氏によると土室町の東には旧称阿武野村があった。一帯は闘鶏野とも呼ばれたが、雄略天皇の時代に初めて楼閣《たかどの》を造ったという。木工《こたくみ》の闘鶏御田は「猪名部《いなべの》御田」とも呼ばれたといい、猪名部と闘鶏は縁が深い。

韋那部（猪名部）の工匠には、既に書いたように石の上に木材を置いて斧で一日中削っていても誤って刃を傷つけることはない名匠がいた、とも伝えるが、闘鶏野は猪名部たちの居住地だったことを暗示しているのかもしれない。猪名部は新羅からの渡来人だった。

淀川をはさんで、河内と摂津にも多くの新羅からの渡来人が住んでたことを示しているのだろう。

武蔵国・下野国に住まわせる

『日本書紀』の持統天皇四年（六九〇）条に「新羅の沙門銓吉《せんきち》、級飡北助知《ほくじょち》ら五十人が帰化した。帰化してきた新羅の韓奈末許満《かんなまこま》ら十二人を武蔵国（東京都）に住まわせた」という記事がある。

また、『書紀』の持統天皇四年条にも「帰化してきた新羅の人々を下野国（栃木県）に住まわせた」という記事がある。

新羅からの渡来人を関東地方の武蔵国や下野国に送り込んで住まわせていたことが分かる。理由はよく分からない。しかし、記録に残るのはごく一部だろう。東国にはもっと多くの渡来人が移住していったとみられる。武蔵国（東京都）には、新羅からの渡来人と関係が深いとみられる白髭《しらひげ》明神の社がおびただしく分布する。白髭は大国を意味するクナラのことだという説もあるが、武蔵国には半島からの渡来人が多く住んでいたと推測できる。

書紀には、天武天皇十年八月のこととし

て、三韓（百済、新羅、高麗）の人々に対して、「以前、お前たちには帰化後十年間の調税《みつきおおちから》を免除することにした。今後は加えて、子孫についても課役を免除する」と詔した。

天武十年といえば、壬申の乱（六七二年）を勝ち抜いて十年、天武政治は軌道に乗り、「神にしませば」と歌われた天武天皇の威勢は頂点を極めていた。そうしたことにも拠るのかもしれないが、渡来人に対する何という温情か、おおらかさか。古代における渡来人たちの立場の〝強さ〟を垣間見せる。。

高句麗からの渡来

巨麻郷と高井田横穴墓群

大阪府柏原市にかつて大県《おおあがた》郡があった。『和名抄』には六郷を載せるが、その中に巨麻郷があった。巨麻郷は、堅下村の大字本堂および雁多尾畑《かりたおばた》の地域だったという。雁多尾畑はいまは「カリンドバタ」と呼ばれている。大阪・奈良の府県境、高安山と信貴山のふもとの山間地だが、河内と大和を結ぶ竜田越えの古道が通る。

巨麻は高麗《こま》（高句麗）のことで、高麗人が集団で居住した地とみられる。『姓氏録』には、「大狛連は高麗国人伊利斯沙礼斯《いりしされし》の後なり」「大狛連は高麗溢士福貴王の後なり」などと記されている。

本堂集落には古社、大狛神社がある。山の斜面にかじりついた小さな社《やしろ》である。柏原市から八尾市にかけての地域には高安郡というのもあった。孝徳天皇の時代、渡来人の高安公陽信によって設

大狛神社（柏原市本堂）

置されたと伝える。

柏原市高井田の山の斜面に高井田横穴古墳群がある。百三十基以上の群集墳。凝灰岩に、玄室と羨道から成る横穴式石室を掘り込んでいる。百三十基のうち二十数基に線刻画がある。ゴンドラ様の舟上に武人が乗る絵や家屋、鳥、樹花などが、玄室や羨道の壁面に素朴に描かれている。

高井田横穴墓（柏原市高井田）

昭和四十七年の奈良・飛鳥の高松塚古墳の極彩色壁画発見以来、高井田古墳の線刻壁画も注目されるようになった。

線刻画のモチーフは、北方民族の誕生

吉見百穴（埼玉県比企郡吉見町）

説話や騎馬民族の風習を表現したものとの見方が強く、古墳群の築造者は、高句麗あるいは百済からの騎馬民族の渡来集団、との見方が強い。

南東一・七キロ程に玉手丘陵横穴古墳群がある。高井田古墳群同様、横穴の壁面に線刻画がある。筒袖の上衣にズボンのような衣服を着た図像、鳥羽のような立飾の冠帽をかぶった人物像などがあり、やはり百済か高句麗の北方系渡来人が描いたものとみられる。

横穴式古墳群は、埼玉県比企郡吉見町の吉見百穴なども有名だが、そんなに多く分布しているわけではない。

『姓氏録』には、「高安漢人は狛国人である。小須須《おすす》の後なり」「高安下村主《しものすくり》は高麗国人である大鈴の後なり」などの記事がみえ、高安付近に多くの高麗系渡来人が住んでいたことを示す。

八尾市神宮寺五丁目には常世岐姫《とこよきひめ》神社がある。常世連の祖神をまつるとされるが、常世

常世岐姫神社（八尾市神宮寺）

連氏も高麗系の漢人。『続日本紀』は宝亀七年（七七八）条に「河内国大県郡の人である赤染《あかそめの》人《ひと》足ら十三人に常世連の姓を与えた」という記事があり、染色に関する職についていたらしい。

渋川郡にも巨麻郷があった。今日の八尾市久宝寺あたりに比定される。ここにも多くの高麗人が居住したらしい。久宝寺五丁目には許麻《こま》神社がある久宝寺の神宮寺であったと伝える。

八坂神社

京都市東山区に八坂神社がある。素戔嗚尊《すさのおのみこと》、稲田姫命《いなたひめのみこと》、八柱御子《やつはしらみこ》神を祭神とする。「祇園社」「祇園さん」と称され、素戔嗚尊と同一神とする牛頭《ごず》天王をまつった。牛頭天王は、もともとインドの祇園精舎の守護神とされる。

『日本書紀』の斉明天皇二年（六五六）八月条に次のような記事がある。

八坂神社（京都市東山区）

秋八月に、高麗は達沙《たつさ》らを遣わして調をたてまつった。（大使は達沙、副使は伊利之、全部で八十一人である）

〈巻第二十六・斉明天皇〉

この時新羅の牛頭山にいた素戔嗚尊を山城国愛宕郡八坂郷に移遷させ十一年後の天智天皇六年（六六七）に社殿を造営して牛頭天王社と称した、と伝える。祇園の八坂神社（牛頭天皇社）を造営したのは高句麗からの渡来人だったことがうかがえる。

素戔嗚尊をまつる神社は、八坂神社、素戔嗚神社、祇園社、牛頭天王社、天王社などがあり、全国にすこぶる多く鎮座している。高句麗の渡来人との関係を考えなくてはならないだろう。

相楽郡の狛人

京都府といえば、相楽郡も高句麗渡来人と関係深い地域である。

欽明天皇二十六年五月条に次のような記事がある。

高麗《こま》の人《ひと》頭霧唎耶陛《ずむりやへ》らが筑紫に帰化をしてきた。山背国に住まわせた。畝原《うねはら》、奈羅《なら》、山村《やまむら》の高麗人の先祖である

〈巻第十九・欽明天皇〉

九州に渡来したに高麗人を山城南郡に住まわせたことが分かる記事だが、『渡来人の古代史』を著わした上田正昭氏によると「山背国綴喜郡（八幡市）に上奈良、下奈良の地があり、相楽郡（木津川市）には山村の地があって、高麗人が居住した形跡が濃い」と書く。また、「相楽郡内に大狛郷があって、かなり広い範囲に高麗人が居住していたこと

高麗寺跡の瓦積基壇（復元）
＝京都府木津川市上狛＝

が想定できる」とも述べている。昭和十三年（一九三八）、京都大考古学研究室が木津川市上狛の地で高麗寺跡を発掘調査した。法起寺式伽藍配置が明らかになり、飛鳥時代に創建され、平安時代ごろまで存在した古代寺院だったことが明らかになった。塔と金堂の基壇は朝鮮の古代寺院に関係が深く、飛鳥の桧前寺にもあるみごとな瓦積基壇だった。高麗寺は、高句麗からの渡来人である高麗氏の氏寺だったとみられる。

大磯の高来神社

神奈川県大磯町高麗に高来《たかく》神社がある。もと高麗神社である。境内には高麗寺という書院もあったと伝える。背後に高麗山がある。

高来（高麗）神社がここにあるのは、奈良時代に高麗王若光が海路でこの地に来て上陸、相模川、花水川流域の開拓を進めたからと伝えている。近辺には、横穴古墳群も多くあり、高句麗人、高句麗文化が定着した土

高来神社（神奈川県大磯町高麗）

地とみていいようだ。

　金達寿氏の『日本の中の朝鮮文化』（講談社）によると、高来神社には夏祭りに歌う祝歌が伝えられたという。

抑々《そもそも》権現丸の由来を悉く尋ねれば、応神天皇の十六代の御時より、俄《にわか》に海上騒がしく、浦の者共怪《あや》しみて、遥《はる》かに沖を見ておれば、唐《もろこし》船急ぎ八の帆を上げ、大磯の方へ棹《さお》をとり、走り寄るよと見るうちに程なく汀《はま》に船はつき、浦の漁船漕《こ》ぎ寄せて、かの船の中よりも、翁《おきな》一人立ち出でて、櫓《やぐら》に登り声をあげ、汝《なんじ》等それにてよく聞けよ、われは日本の者にあらず、諸越《もろこし》の高麗国の守護なるが、邪慳《じゃけん》な国を逃れ来て、大日本に志し、汝等帰依《きえ》する者なれば、大磯浦の守護となり、子孫繁昌《はんじょう》と守るべし。ありありがたやと拝すれば、やがて漁師の船に乗り移り、上らせ給《たも》う。御代より権現様を載せ奉《たてまつ》りし船なれば、権現丸とはこれをいうなれよ。ソウリャヤンヤイヤン。（『大磯町文化史』）

高麗王若光の高麗神社

『続日本紀』の大宝三年（七〇三）条に、「従五位以下の高麗若光に王姓を賜う」という記事がみえる。高麗王若光は高麗から渡来、相模（神奈川県）の大磯に上陸して、その地の大領となったと伝える人物である。

高麗神社（埼玉県日高市）

将軍標

『続日本紀』は、霊亀二年（七一六）五月条に、「甲斐、相模、上総、下総、常陸、下野の高

麗人千七百九十九名を武蔵国に移し、高麗郡を置く」との記事がある。

大磯の高麗王若光も移り住み、新しく発足した高麗郡の大領となったという。相模に続いて武蔵の地で開拓に臨んだようである。

高麗郡は明治二十九年（一八九六）に入間郡と合併となるまで続いた。現在の埼玉県の飯能市、日高市の一帯にあった。

高麗王若光の墓とされる高麗王廟
（埼玉県日高市）

高麗家住宅

高麗郡に移した「千七百九十九人」は、「多数の人間」のことを指したものである、との説がある。関東一円の高句麗系渡来人がごっそり全部、武蔵地方に移住させたということではないだろう。従来の地に残る者も多かったはずである。関東の地におびただしく高麗系渡来人が居住していたことを示すものとみられるのである。

『日本書紀』の天智五年（六六六）には「官食を給していた百済の僧俗二千余人を東国に移した」という記事があり、多くの渡来人が国家政策によって畿内から東国や関東に移し住まわせたということらしい。未開拓地が多く人口も希薄な東国の開拓に、知恵や技術に長じた渡来人を多数送り込んだということだろう。

高麗王若光を祭神とする神社が、埼玉県日高市の武蔵野の一角にある。高麗神社である。豪華な社殿が建ち、関東一円から信仰を集める立派な神社である。

神社入り口には高さ四メートルもある花崗岩製の二基の将軍標がある。男女の大きな顔をユーモアたっぷりに刻み、「天下大将軍」「地下女将軍」と標示する。二〇〇五年に在日大韓民国民団から寄贈されたという。

また、境内には江戸時代に建てられたというカヤぶきの「高麗家住宅」があり、参拝者らの人気を集める。

近くの高麗山勝楽寺の境内には、高麗王若光の墓とされている石の多重塔がある。

年表 『日本書紀』が伝える「渡来の群像」

崇神天皇御世	意富加羅《おほから》国の王《こきし》の子、都怒我阿羅斯等《つぬがあらしと》が越国の笥飯浦《けひのうら》に碇泊
垂仁天皇2年	都怒我阿羅斯等に赤絹を贈り、本国（弥摩那《みまな》国）へ返す
	都怒我阿羅斯等ゆかりの乙女（比売語曾社《ひめこそのやしろ》の神）が来る（難波あるいは豊国の国前郡）
3年	新羅の王の子、天日槍《あめのひぼこ》が来帰。羽太《はふと》の玉一箇、足高《あしたか》の玉一箇、鵜鹿鹿《うかか》の赤石の玉一箇、出石の小刀一口、出石の杵《ほこ》一枚、日鏡一面、熊の神籬《ひもろぎ》一具を将来（一書によると播磨国に碇泊し、穴粟邑《しさわのむら》に居た。天皇は三輪君の祖である大友主と倭直《やまとあたえ》の祖である長尾市《ながおち》を播磨国に派遣し、「播磨の穴粟邑と淡路島の出

浅邑に居住してよい」としたが、天日槍は「心にかなったところを賜りたい」と、菟道河《うじがわ》をさかのぼって近江国吾名邑《あなむら》へ、さらに若狭国を経て但馬国へ）

垂仁天皇88年　天日槍の曾孫清彦《きよひこ》が出石の小刀など神宝を献上、神府《みくら》に収納。ただし、献上をためらった出石の小刀は、いったん献上したものの神府《みくら》からなくなった。自然に淡路島へ。

神功摂政1年　葛城襲津彦《かずらきのそつひこ》、新羅に行き、草羅城《さわらのきし》を攻め落とす。この時の虜人《とりこ》らが、桑原、佐糜《さび》、高宮、忍海《おしぬみ》の漢人らの祖

応神天皇7年　高麗人・百済人・任那人・新羅人が来朝。韓人池《からひといけ》を作る

14年　百済の王が縫衣工女《きぬぬいおみな》を送って来る。来目衣縫《くめのきぬぬい》の祖

14年　百済から弓月君《ゆづきのきみ》来帰。人夫「百二十県」を率いる。人夫らは4年後に到着

応神天皇15年　百済の王が阿直岐《あちき》を遣わす。

16年　百済の阿直岐の紹介で王仁《わに》が来帰。菟道稚郎子《うじのわきいらつこ》の師に。書首《ふみのおひと》らの始祖

20年　阿知使主《あちのおみ》・都加使主《つかのおみ》父子が「党類十七県」を率いて来帰。倭漢直《やまとのあやのあたい》の祖

31年　新羅の宿泊所の火災の類焼で武庫水門《むこのすいもん》に集まっていた船五百船が炎上。新羅が匠者《たくみのもの》（船大工）を貢上

37年　阿知使主・都加使主を呉国に遣わして縫工女《きぬぬいめ》を求めさせる。呉王は工女《ぬいめ》の兄媛《えひめ》、弟媛《おとひめ》、呉織《くれはとり》、穴織《あなはとり》を与える

39年　百済の直支王が妹の新斉都媛《しせつひめ》を遣わす。七人の婦女と来帰

仁徳天皇11年　新羅人を茨田堤《まんたのつつみ》築造の役《えだち》に使う

仁徳天皇41年　百済王族の酒君《さけのきみ》が渡来

53年　上毛野君の祖である竹葉瀬の弟、田道《たじ》、新羅の四邑の人民を虜《とら》え率いて帰る

雄略天皇2年　天皇、他の男と密通した百済の池津媛を焼き殺す

5年　百済の蓋鹵《こうろ》王の弟、軍君《こにきし》（昆支）が来帰。伴った婦人が筑紫の各羅嶋《かからしま》で嶋君《しまぎみ》を出産、ただちに送り返す。子は後の武寧《むねい》王。昆支には五人の子

7年　百済から今来《いまき》の才伎《てひと》ら来帰

今来の才伎の新漢陶部高貴《いまきのあやのすえつくりこうくい》、鞍部堅貴《くらつくりけんくい》、画部因斯羅我《えかきいんしらが》、綿織定安那錦《にしごりじょうあんなこむ》、訳語卯安那《おさみょうあんな》らを上桃原・下桃原・真神原（いずれも明日香村内か）に居住させる

雄略天皇11年　百済国より逃亡して来た者あり、来帰。貴信《くいしん》と名乗る

14年　身狭村青《むさのすぐりあお》らが呉国の使者とともに帰国。呉国の手末《たなすえ》の才伎《てひと》である漢織《あやはとり》・呉織《くれはとり》および衣縫の兄媛・弟媛ら来帰。呉人らを桧隈野《ひのくまの》の呉原に置く

15年　全国に分散していた秦氏一族を秦造酒（酒公）のもとに再結集させた。喜んだ秦造酒《はたのみやつこさけ》は、絹、縑《かとり》（上質の絹）を奉献、朝廷にうず高く積み上げた。これにより、秦氏は禹豆麻佐《うつまさ》（太秦）の姓を賜る

16年　漢《あや》部、直《あたい》の姓を賜る

20年　百済、高句麗の大軍に敗れる。『百済記』によれば漢城が七日七晩攻撃を受け陥落、国王、大后、王子らがみな死亡したという

21年　久麻那利《こむなり》（熊津）に遷都

雄略天皇23年　百済の文斤《もんきん》王死去。天皇は日本にいた昆支《こんき》王の第二子、末多《また》王を送り返し、東城《とうせい》王とする

武烈天皇4年　百済、末多王を排除。嶋王《しまきし》を王に立てる、武寧王（斯麻《しま》王）である

7年　斯我君《しがきし》来帰、百済王に遣わされる。子の法師君は倭君《やまとのきみ》の先祖

継体天皇6年（512年）　任那の上哆唎《おこしたり》、下哆唎《あるしたり》、娑陀《さだ》、牟婁《むろ》の4県を百済に割譲

7年（513年）　百済の太子淳陀《じゅんだ》死去。倭（和）氏の祖とされる

7年（513年）　任那の己汶《こもん》、帯沙《たさ》を百済に割譲

17年（523年）　百済の武寧王が死去

18年（524年）　百済の聖王（聖明王）が即位

継体天皇24年（530年）　近江毛野臣《おうみのけなのおみ》、任那から召喚。対馬で死去

欽明天皇1年（540年）　百済の人、己知部《こちぶ》が来帰。添上郡の山村《やまむら》に住まわせる
秦人《はたひと》、漢人《あやひと》など各地の国郡に住まわせ、戸籍に登録。秦人の戸籍 は
総計七千五十三戸

14年（553年）　王辰爾《おうじんに》に船の賦《みつき》を数え、記録させる。王辰爾を船長《ふねのつかさ》とし、姓を賜り
船史《ふねのふひと》といった。船連《ふねのむらじ》の先祖

17年（558年）　各地の韓人らを大身狭屯倉《おおむさのみやけ》の田部《たべ》、高麗人を小身狭屯倉《おむさのみやけ》の田部《たべ》とする

23年1月（562年）　新羅、任那《みまな》の10国（加羅《から》国、安羅《あら》国、斯二岐《しにき》国、多羅《たら》国、卒麻《そつま》国、古嵯《こさ》国、子他《した》国、
散《さん》半下《はんけ》国、乞飡《こつきん》国、稔礼《にんれ》国）を亡ぼす。任那（加耶《かや》）の滅亡

23年7月　新羅の使人、帰国せず。河内国の更荒《さららのこおり》、鸕鷀《うの》野邑《のさと》の新羅人の先祖

23年11月　新羅の使人、帰国せず。摂津国の三嶋郡の埴盧《はにりお》の新羅人の先

欽明天皇26年5月（565年）　高麗《こま》人、頭霧唎耶陸《ずむりやえ》らが筑紫に来帰。山背の畝原《うねはら》、奈羅《なら》、山村《やまむら》に住まわせる

敏達天皇1年5月（572年）　船史《ふねのふびと》の祖王辰爾《おうじんに》が高麗の上表文を読み解く

10年10月（581年）　船史王辰爾の弟、牛《うし》に津史《つのふひと》の姓

崇峻天皇1年（588年）　飛鳥寺（法興寺）の建立開始
百済国、寺工《てらのたくみ》、鑪盤《ろばん》博士、瓦博士、画工《えかき》らを献上

推古天皇3年5月（595年）　高麗の僧、慧慈《けいじ》、百済の僧慧聡《えそう》来帰。二僧は法興寺に住す

9年10月（601年）　百済の僧観勒《かんろく》が来帰。

9年閏10月（601年）　高麗の僧僧隆《そうりゅう》・雲聡《うんそう》が来帰。

推古天皇12年9月（604年）
黄書画師《きふみのえかき》・山背画師《やましろのえかき》（渡来県技術者の集団）を定める

16年（608年）
新羅人多数来帰

17年4月（609年）
百済の僧と俗人75人が葦北郡（熊本県）に漂着、帰化。元興寺に住む

18年2月（610年）
高麗から僧曇徴《どんちょう》と法定《ほうじょう》が来帰

20年（612年）
百済の味摩之《みまし》来帰。桜井で伎楽《くれがく》

28年10月（620年）
桧隅陵に砂礫《さざれいし》、周囲に大柱。倭漢坂上直《やまとのあやのさかのうえのあたい》の柱がはるかに高かった

32年4月
百済の観勒《かんろく》僧、僧、僧尼らを罪することに意見。観勒を僧鞍部徳積《くらつくりんpとくしゃく》を僧都《そうず》、阿雲連《あずみのむらじ》を法頭に任命、僧尼を取締まる

斉明天皇6年7月（660年）
百済の泗沘《しひ》域（扶余）、新羅の攻撃で落ちる

斉明天皇6年10月（660年）　百済の鬼室福信《きしつふくしん》、唐の捕虜百余人を倭国に献上し、救援と王子余豊璋《よほうしょう》の送還を要請。捕虜らは美濃国の不破、片県《かたあがた》の唐人

7年（661年）　斉明天皇、百済救援のため西征。朝倉宮で死去

天智天皇2年3月（663年）　百済救援軍2万7千人を送る

2年（663年）　百済の豊璋王、鬼室福信を斬る

2年8月（663年）　白村江《はくすきのえ》の戦いで、百済・倭国軍は唐・新羅連合軍に敗退

2年9月（663年）　百済の州柔城《つぬのさし》陥落。百済の多数の人々、倭国へ移住

3年3月（664年）　百済王善光《ぜんこう》を難波に住まわせる

4年2月（665年）　百済国の佐平鬼室福信の戦功をもって子の鬼室集斯《しゅうし》に小錦下。

百済の男女　4百余人を近江国の神前郡《かんさき》に住まわせる。

天智天皇4年8月（665年）
唐・新羅の来襲に備え、筑紫国に大野城、椽《き》城を築く。長門国にも城

4年（665年）
百済の民2千余人を東国に住まわせる

6年11月（667年）
唐・新羅軍防衛のための高安城《たかやすのき》（大和）、屋嶋《やしま》城（讃岐）、金田城（対馬）を築く

8年（669年）
百済の佐平余自信《よじしん》、佐平鬼室集斯《きしつしゅうし》ら男女7百余人を近江国の蒲生郡に移住さる

10年11月（671年）
唐国の使人郭務悰《かくむそう》ら6百人と百済人沙宅孫登《さたくそんとう》ら1千4百人が来帰

天武天皇6年6月（677年）
天武天皇は東漢直《やまとのあやのあたい》らに「お前たち族党は7つの悪逆を犯している」としながらも「漢直の氏を絶やしたくない」として、罪を許した

天武天皇10年8月（681年）

三韓《みつのからくに》（百済、高句麗、新羅）の人々に「帰化後10年間の調税免除してきたが、いっしょに来た子孫についても課役は免除する」と申し渡した

13年5月（684年）

百済の男女23人を武蔵国に住まわせる

14年（685年）

大唐の人、百済の人、高麗の人147人に爵位

朱鳥《あけみどり》1年9月（686年）

天武天皇死去。百済王良虞《りょうぐ》が善光に代わり誄《しのびごと》

持統称制前記（686年）

新羅の沙門行心が「大津皇子の謀反に加担した」とされたが、持統天皇は「刑を加えるにしのびない。飛騨国に伽藍を移すように」

高麗、百済、新羅の僧尼および男女62人来帰。

持統天皇1年3月（687年）

高麗人56人を常陸国に住まわせる。新羅人14人を下毛野《しもつけの》国に住まわせる

持統天皇年4月（687年）　新羅の僧民、百姓の男女21人が来帰。武蔵国に住まわせる

2年5月（688年）　百済の敬須徳那利《きょうすとくなり》を甲斐国に移す

3年4月（689年）　新羅人らを下毛野に住まわせる

4年2月（690年）　新羅の沙門詮吉《せんきち》ら50人が帰化。韓奈末許満《かんなまこま》ら12人を武蔵国へ

4年5月（690年）　百済の男女21人が来帰

4年8月（690年）　帰化してきた新羅人らを下毛野国に住まわせる

【著者】

靍井　忠義（つるい・ただよし）

古代史ジャーナリスト。1949年生まれ。奈良新聞の文化記者、編集局長などを経て、青垣出版代表取締役、倭の国書房代表。奈良の古代文化研究会主宰。日本ペンクラブ会員。

著書に『探訪 日本書紀の大和』（雄山閣出版）、『日本書紀の山辺道《やまのへのみち》』（青垣出版）、『日本書紀の飛鳥』（同）、『奈良の古代文化②　斉明女帝と狂心渠《たぶれごころのみぞ》』（同）、『日本書紀を歩く①　悲劇の皇子たち』（同）、『日本書紀を歩く②　葛城の神話と考古学』（同）、『日本書紀を歩く③　大王権の磐余《いわれ》』（同）など。

日本書紀を歩く④　渡来人

2020年 5月19日　初版印刷
2020年 6月 3日　初版発行

著者　靍井忠義

発行所　有限会社　青垣出版
〒636-0246 奈良県磯城郡田原本町千代３８７の６
電話 0744-34-3838 Fax 0744-47-4625
e-mail wanokuni@nifty.com

発売元　株式会社　星雲社
〒112-0005 東京都文京区水道１－３－３０
電話 03-3868-3270 Fax 03-3868-6588

印刷所　モリモト印刷株式会社

printed in Japan　ISBN978-4-434-27489-3

青垣出版の本

日本書紀を歩く①　ISBN978-4-434-23814-7

悲劇の皇子たち

靏井 忠義著

皇位継承争い。謀反の疑い。非業の死を遂げた皇子たち２２人の列伝。

四六判１６８ページ　本体１，２００円

日本書紀を歩く②　ISBN978-4-434-24501-5

葛城の神話と考古学

靏井 忠義著

『日本書紀』に登場する神話やエピソードを紹介、井堰を探訪する。

四六判１６６ページ　本体１，２００円

日本書紀を歩く③　ISBN978-4-434-25725-4

大王権の磐余《いわれ》

靏井 忠義著

磐余は地理的にも時代的にも纒向と飛鳥の中間に位置する。大王権を育んだ。

四六判１６８ページ　本体１，２００円

奈良を知る　ISBN978-4-434-13771-6

日本書紀の山辺道《やまのへのみち》

靏井 忠義著

三輪、纒向、布留…。初期ヤマト王権発祥の地の神話と考古学。

四六判１６８ページ　本体１，２００円

奈良を知る　ISBN978-4-434-15561-1

日本書紀の飛鳥

靏井 忠義著

６・７世紀の古代史の舞台は飛鳥にあった。飛鳥カイド本の決定版。

四六判２８４ページ　本体１，６００円

奈良の古代文化①　ISBN978-4-434-15034-0

纒向遺跡と桜井茶臼山古墳

奈良の古代文化研究会編

大型建物跡と２００キロの水銀朱。大量の東海系土器。初期ヤマト王権の謎を秘める２遺跡を徹底解説。

A５変形判１６８ページ　本体１，２００円

奈良の古代文化②　ISBN978-4-434-16686-0

斉明女帝と狂心渠《たぶれごころのみぞ》

靏井 忠義著

奈良の古代文化研究会編

「狂乱の斉明朝」は「若さあふれる建設の時代」だった。百済大寺、亀形石造物、牽牛子塚の謎にも迫る。

A５判変形１７８ページ　本体１，２００円